精准扶贫

扶贫案例解析

JINGZHUN FUPIN ANLI JIEXI

高健龙　　高建伟　编著

中国农业出版社

北　京

FOREWORD 前言

　　消除贫困、改善民生、实现共同富裕，是社会主义的本质要求，是体现中国特色社会主义制度优越性的重要标志。党的十八大以来，以习近平同志为核心的党中央，超强部署，快速推进，在全国全面打响了脱贫攻坚战，取得了显著的阶段性成果；党的十九大报告提出，坚决打赢脱贫攻坚战，确保到 2020 年我国现行标准下农村贫困人口实现脱贫，贫困县全部摘帽，解决区域性整体贫困，做到脱真贫、真脱贫。当前，随着全面建成小康社会奋斗目标的不断临近，脱贫攻坚已进入最后冲刺阶段，也是"最艰难阶段"，剩下的都是"硬骨头"。攻坚克难，既需要中央加强统筹，精准施策，也需要充分发挥和调动广大贫困地区干部群众以及社会各界的积极性和主动性。

　　扶贫开发贵在精准，重在精准，成败之举在于精准。为了进一步贯彻落实党的十九大精神以及习近平总书记关于精准扶贫、精准脱贫工作的重要论述，为广大贫困地区的干部群众共同推进脱贫攻坚提供理论指导和实践借鉴，我们编写了《精准扶贫政策解读》《精准扶贫方法与路径》《精准扶贫案例解析》3 本书，旨在通过此系列书目，及时把党和政府的扶贫开发政策、支持农业农村发展和农民增收的政策，通俗易懂地传递给广大贫困地区干部群众；把脱贫攻坚理论政

策与实践探索过程中总结凝练的好思路、好方法、好经验、好模式，简洁明了地介绍给广大贫困地区干部群众；把脱贫攻坚实际工作中涌现出来的脱贫攻坚好事迹、好典型、好榜样以及一部分反面典型，生动形象地展示给广大贫困地区干部群众。进一步激发广大干部群众以及全社会参与脱贫攻坚的积极性，凝聚各方智慧和力量全力以赴，坚决打赢脱贫攻坚战，真正实现脱真贫、真脱贫，让全体贫困地区的人民群众同全国人民一道进入全面小康社会，实现我们党对全国人民、对全世界的庄严承诺。

著　者

2018 年 10 月

CONTENTS 目录

前言

第一部分 **不忘初心：精准扶贫案例与分析** / 1

一、党建扶贫 / 1

二、金融扶贫 / 10

三、搬迁移民扶贫 / 17

四、电商扶贫 / 25

五、光伏扶贫 / 33

六、教育扶贫 / 41

七、旅游扶贫 / 52

八、文化扶贫 / 60

九、产业扶贫 / 71

十、资产收益扶贫 / 84

十一、劳务与就业扶贫 / 95

十二、生态扶贫 / 104

十三、科技扶贫 / 119

十四、平台协作扶贫 / 132

十五、综合扶贫 / 146

十六、健康扶贫 / 158

第二部分

警钟长鸣：扶贫领域腐败案例与剖析 / 169

一、任人唯亲 / 170

二、损公肥私 / 177

三、侵吞扶贫资金 / 185

四、违法乱纪 / 194

五、小官巨腐 / 200

第一部分

不忘初心：精准扶贫案例与分析

精准扶贫，是习近平总书记2013年11月在湘西考察时对扶贫工作提出的要求，扶贫，力在精准，随后，精准扶贫工作在全国范围内的贫困地区展开。消除贫困，改善民生，共享繁荣与和谐，既是社会主义的本质要求，也是世界各国面临的共同任务，更是我国党和政府不懈努力的方向。在党中央、国务院的坚强领导下，我国各级人民政府、社会各界人士，积极投入扶贫事业，精准扶贫工作取得了举世瞩目的历史性成就。

本部分所举案例皆是精准扶贫工作取得实效的典型，涉及了党建、金融、移民搬迁、电商、光伏、旅游、教育、科技、平台协作、劳务就业、文化、产业、资产收益、生态、健康、综合等十六个方面的内容，每个内容包括三个案例，力求把成功案例的经验表述清楚，传达明了。

一、党建扶贫

党建是指党的建设。党的建设包括思想建设、组织建设、作风建设、制度建设、反腐倡廉建设、纯洁性建设等，具有鲜明的党性和实践性，指导党在不同时代、不同情况下的工作与活动。所谓党建扶贫，即是通过对党组织建设帮扶，完善党组织工作制度，提高党组织工作水平，从而带动扶贫工作的开展。

坚持"党建引领"推动扶贫攻坚，压实党建工作责任，抓好党建促脱贫攻坚，使党建优势转化为脱贫优势，党建活力转化为攻坚动力，为打好脱贫攻坚战提供强有力的组织保障。

 **案例一**

六盘水市党建扶贫

六盘水围绕当前治理新要求，着力提升服务群众工作水平。**一是推动干部下到基层。**扶贫攻坚，人才是关键，要充分运用好人才这一资源。从 2010 年开始，六盘水市连续 7 年从机关选派了 20 563 名第一书记和驻村干部到村工作，同时探索出了选派干部工资统一由乡镇发放、选派单位考核统一与村挂钩、乡镇管理责任统一纳入负面清单"三位一体"管理模式，激发了驻村干部干事创业的干劲。**二是推动事权下放。**针对乡镇权责失衡、活力不足的实际，按照"权责对等"的原则，全面清理行政审批和公共服务事项，采取直接下放、委托下放、间接下放等方式，对建设用地、建筑工程规划许可、个体工商户登记等 129 项行政许可审批权下放到乡镇，减少 4 项对乡镇的"一票否决"，扫除阻碍发展的权力制约和政策机制障碍，调动乡镇抓村级集体经济、推动脱贫攻坚的积极性。**三是推动服务下移。**在全市乡镇（街道）、村（社区）推行优质高效服务，为前来办事的群众建立便民通道，提高办事效率。

破解农村资源分散、人力分散、信息分散的状态，将生产、组织、产业相近的几个村联合起来建立联村党委，将分散的生产、组织、产业有机组合。**一是联合共享生产要素。**发挥发展较好的村集体在生产、组织、产业等方面的优势，采取发展较好的村带动发展较为落后的村的形式组建联村党委，将分散的单一发展的村集体经济与其他村联合起来，实现优势互补、帮扶发展，壮大村集体的联合发展优势和活力。**二是联优组织功能**。以"三变"（即农村资源变资产、资金变股金、农民变股东）发展为契机，通过党建抓产业，也通过产业的发展来促进党建工作。通过产业发展，让村集体经济活起来，推进党建工作从单一型走向复合型，发挥区域内党组织的组织优势和人力资源优势。集中设立"一站式"便民服务大厅，把各村原有的党建、民政、安全、综合治理的部分公共服务承接到便民服务大厅。**三是联动产业发展**。通过招商引资和村民自己入股的方式，通过几个村的联动发展，带动村民脱贫致富，增强党组织在村集体中的号召力。

推动农村经济发展，要有强有力的村干部队伍作为保障。**一是探索文书聘任制**。将村文书职位设为乡镇事业编制，以公开招考的方式，面向社会招聘大学本科生到村担任文书，一方面可以有效解决村干部队伍文化素质偏低的问题，全面提升村级工作的文化层次；另一方面，有利于拓宽村干部的选人用人渠道，吸引高素质人才扎根农村，为村集体提供了有效的人才保障。**二是落实报酬薪金制**。必须用稳定的收入来留住人才。采取"基础工资＋绩效奖励"的方式，提高村干部报酬，村级党组织书记、村委会主任月报酬最高达到了4 000元，其他村干部达到1 500元以上，并为村干部购买养老保险、工伤保险。全面推行村干部退休制，对村干部达到法定退休年龄，基本养老保险累计缴费年限满15年以上的，按规定办理退休手续，按月领取基本养老金。**三是推行组长网格制**。将原村民小组、自然寨按照50～100户合理划定网格，对村民小组长、禁毒专干、人民调解员等村级辅助性岗位进行合并，由网格员兼任，建立起网格管理服务体系。全面推行对人口信息采集、村容村貌整治等公共服务事项和辅助性管理事项进行"打包"，整合服务项目配套资金，由网格员具体承接落实购买服务任务和事项。

依托农村"三变"改革,通过市场化运作,大力组建村级股份经济合作组织,盘活了资源资产、整合了分散的资金变为股权,让村民成为股东,增加了农民的财产性收入,推动了资源要素流动,使单家独户的农民集中参与农业现代化建设,进入到产业化生产的大市场中,提高了农民生产组织化程度和农业产业经济效益,加快了农业现代化步伐,促进了农民增收脱贫致富。**一是培育经营主体。**围绕农村资源资产择优包装一批"三变"发展项目,并通过招商引资,引进一批规模大、实力强、市场竞争优势明显的农业龙头企业参与"三变"改革;继续引导村集体创办特色农业、集贸市场、电子商务和乡村旅游等企业或农民合作经营组织,促进每村至少建立1个合作社或协会,通过招商引资来帮助村集体做强产业。**二是千方百计提升农民收入。**鼓励农民以土地经营权、技术、资金等方式入股企业、合作社或其他经济组织,按股份获得财产性收入,实现增收致富。

🔍 案例分析

本案例中,扶贫工作很好地做到了抓住两个重点,处理好了一个结合。抓住两个重点:一是抓住党员干部是扶贫攻坚的能动主体,是一支强大的人才队伍这一重点;二是抓住农村资源变资产、资金变股金、农民变股东的"三变"改革这一工作重心。关键是人才和工作重心的有效结合。在农村产业化过程中,扶贫工作能够因事立人、因人成事,做到制度化、网格化管理。这样就事有人做,做有其评,评有其责,责有其份,份有奖有罚;权责清晰、利益明确,扶贫工作准确而高效。给我们的启示是,事权要下放、机制要高效,资源、人力、信息、产业和组织要联动,避免分散、鼓励,要多元一体统筹。

 **案例二**

通辽市党建扶贫

近年来，为了做好扶贫解困工作，通辽市把扶贫与农村基层党组织建设结合起来，创新工作机制，选派党建工作经验丰富的干部到基层挂职，理顺基层组织工作思路，为脱贫致富工作进一步增强了组织力量。比如，2017年通辽市进一步明确旗县党政主要领导的第一责任，建立了厅级领导包旗县，处级领导、市直单位包乡镇，各村级干部包联贫困户的三级包联体系，抽调选派近1万名各级干部，组成1 851个驻村工作队。在干部下基层的过程中，各级包联干部不仅积极与帮扶点对接，而且还通过入户调查等方式，因地制宜编制具有科学性、前瞻性、可操作性的攻坚扶贫计划，勾勒贫困地区美好未来的蓝图。此外，各级包联干部努力发挥能动性，结合帮扶点实际，多渠道协调有关上级单位争取项目，帮助基层困难群众解决实际生活难题。

通辽农村基层党组织还需进一步深化"创新发展"的认知，因地制宜，一切从贫困地区和贫困群众的实际出发，创新党建扶贫方式，形成与精准扶贫环境相适应的基层党组织格局。比如，注重创新基层组织的活动载体和工作机制，积极探索实施"党建+"扶贫模式。利用现有资源推陈出新，采取"抱团发展""党建＋公司＋农户""党建＋公司＋基地＋农户""党建＋电商"等模式，使党员与贫困户结成帮扶对子，通过项目上"拉"、技术上"带"、精神上"促"、资金上"扶"等帮扶举措，加快贫困户的脱贫步伐，切实把党的各项惠民政策和惠民措施真正送到群众的"荷包里"和"心坎里"。

通辽市结合实际，全面建立市、旗、镇、村"四级联动"

联系服务群众工作新机制，从深化农村牧区改革、培育农牧业经营主体、发展农牧业专业化社会化服务体系等十个方面入手，办实事解难题、强服务惠民生，从根本上打通联系服务群众"最后一公里"，各旗、县、市、区在"四级联动"的积极对接中发挥承上启下的关键环节作用，服务群众"花开遍地"。比如，奈曼旗由"说事"到"问事"，集中干部下基层"坐炕头"，帮助农牧民制定产业发展规划。霍林郭勒市采取"三进三同"工作法进行对接，进企业问计与政策同步、进社区问需与民生同步、进家庭问暖与群众同心。科尔沁区全面启动"政情、社情、民情"绿色直通车。此外，通辽农村基层党组织还大力推进党组织服务载体多样化、服务体系网格化等有效措施，确保将基层党组织建成团结群众、服务群众的坚强堡垒。

通辽农村基层党组织还通过开展先锋引领行动、设岗定责活动、观摩学习、主题培训等有效举措，不断深化农村基层党组织对加强服务型党组织的认识，搭建为民服务平台，构建便民服务通道，形成"群众动嘴、干部跑腿"的新型基层服务机制。比如，建立村级工作经费保障和村干部工资报酬正常增长机制，推行村干部专职化、积分制管理，实行村干部集中办公、坐班服务制度，确保村级活动场所门常开、人常在、事常办。经过上级部门的培训、支持，依托现有资源，充分运用信息化技术，把为民服务的意识与大数据、互联网等新型媒介融合，建立资源共享的"一站式"综合服务平台，进一步提升组织服务水平。还需进一步发挥政治核心作用，有效整合组织资源，着力解决部分党组织存在的软弱涣散问题，加强班子队伍建设，在扶贫攻坚的道路上，不让一个困难基层党组织掉队。比如，加强乡（镇）、村两级党组织书记队伍建设，开展从优秀村干部中招考录用乡镇公务员、公开选拔副科级领导干部工作，解决村干部"无奔头"的问题。以农村两委班子换届选举为契机，把整治"村霸"和宗族恶势力作为检验村干部是否合格的试金石，把好干部入口关，推动基层广大党员干部守纪律、守规矩，自觉约束自己，为脱贫攻坚领航。

案例分析

　　本案例中，扶贫工作做到了三个细致：责任细致，如"三极包联"与"四级联动"；工作细致，如"三同三进""政情、社情、民情直通车"；服务细致，如"群众动嘴、干部跑腿""一站式"服务平台。党建扶贫扎实全面，"党建＋拉、帮、促、扶"，把党建落到实处，把扶贫落到实处。他们真正意识到，农村贫困地区服务型基层党组织建设对于扶贫脱贫工作有着极为重要的意义，转变工作方式，改进工作作风，秉公用权，为民尽责，牢记宗旨，为民服务，扎实推进贫困地区服务型基层党组织建设，是决胜脱贫攻坚战的重要保障。

 案例三

西藏"四季吉祥村模式"党建扶贫

　　2016 年 8 月，西藏曲水县正式破土动工修建以"四季吉祥"为主题，拥有 12 条主干道，365 套（108 ~ 140 平方米不等）安居房的易地扶贫安置点。此外，产业扶贫也是四季吉祥村扶贫脱贫的一大手段。四季吉祥村所在的曲水县一直将产业扶贫摆在突出位置，以发展现代有机农业和净土健康产业为重点，建设万田乡土苗木良种繁育基地、奶牛养殖基地、中药材种植基地、百亩连栋温室、有机肥厂等重点项目，其中，万亩乡土苗木良种繁育基地、中藏药种植基地、现代化奶牛养殖场以及有机肥加工厂均坐落在四季吉祥村周边，尤其是才纳乡净土健康产业园区的投入使用，有效带动了包括四季吉祥村的贫困户在内的农牧民群众就业。以易地搬迁和产业扶贫为两大举措，四季吉祥村已基本实现全体村民脱贫，扶贫效果显著。

四季吉祥村易地搬迁工程于 2016 年 12 月 15 日完成五乡一镇的贫困户搬迁工作，搬迁户入住以来，驻四季吉祥村工作队联合村临时党支部积极与县扶贫搬迁办等相关部门、乡党政机关沟通，解决各种问题。312 户移民户来自生态条件恶劣的 6 个乡镇，原住地在迁出部分人口后，自身的生态环境压力也得到缓解。而四季吉祥村通过实现水、电、路三通，极大地改善了移民的生产生活条件，降低了生产成本并有效提高了生产效率，为稳定脱贫并进一步实现稳步增收奔小康提供有利基础。

在上级支持下，四季吉祥村周边及村内布局多个产业项目，包括总投资 13 亿元的万亩乡土苗木良种繁育基地项目、总投资 10 亿元的中藏药材种植基地项目，以及总投资 1 000 万元的村内经济林项目等。依托这些产业项目，四季吉祥村通过成立创业合作社、组织技能培训、引导和支持村民进行创新创业等，目前已基本实现每个有劳动力的家庭至少 1 人就业，村民逐渐由农牧民向产业工人转变，如在万亩良土苗木良种繁育基地的建设过程中，四季吉祥村每天安排 200 名以上群众参与产业建设，极大地提高了群众的收入水平。

2017 年春节于四季吉祥村举办的才纳乡第一届仲孜文化艺术节暨物资展销会为期 5 天，参会群众、商家累计超过 6 万人次，平均每天有 1.2 万人次参会。展会吸引县内外商家的积极参与，参展商家远超预期的 60 个，达到 120 余个，累计销售额达100 余万元。商品涵盖民族手工艺品、床上用品、装饰用品、电子产品、酒水肉类、小吃等多个种类，满足了群众的多种需求，达到展示形象、聚集人气、促进交流、提升才纳乡知名度和影响力，促进经济社会又好又快发展等目的。

通过针对市场和村民自身意愿进行的订单式培训，累计受训达 289 人次，显著促进本村村民的劳动就业。统计数据显示，四季吉祥村现有劳动力 465 人，目前已解决 370 人的就业，就业率达 80％。

以党建先行为统领，奠定四季吉祥村扶贫工程的大框架，但是村民脱贫还需要彻底改善自身的生活与收入状况，党建扶贫只能起到基础性、引导性的作用，无法成为扶贫工作的主要动力。四季吉祥村的主要扶贫工程为两项：易地搬迁与产业扶贫，党建工作在易地扶贫搬迁与产业扶贫两大工程中发挥着重要的引导作用。易地扶贫搬迁从规划、动员到搬迁、安置，产业扶贫从引入产业、村民培训到引导就业、提高收入均由党支部参与协助沟通。四季吉祥村以党建工作为统领，多层次协助易地扶贫搬迁与产业扶贫两大工程，实现村民全部脱贫，扶贫工作取得重大进展。下一步，四季吉祥村将继续以党建工作为统领，带动全体村民在保障脱贫可持续的基础上继续提高收入，实现致富奔小康。

🔍 案例分析

本案例中，四季吉祥村扶贫工作贯彻了"扶贫脱贫，党建先行"的原则，党建工作贯穿扶贫始终，统领整个扶贫工作。无论是搬迁扶贫还是产业扶贫，都是相当大的工程，工作所及非常细致和繁杂，移民安置、基础设施建设、产业规划、项目引进与落地、利益分配等工作都需要党员干部发挥聪明才智，发挥先锋模范作用。这就需要建立一个纪律严明、工作高效、攻坚克难的党组织。这就是"党建先行"原则的必要性。以四季吉祥村党建扶贫工作为经验，在其他贫困地区进行推广，可有效促进当地扶贫工作的展开和扶贫工程的建立，为贫困户脱贫、贫困地区摘帽起到重要的基础性组织带动作用。

二、金融扶贫

金融支持精准扶贫，实质就是以扶贫富民为出发点，以扶贫资金扶持为主导，以信贷资金市场化运作为基础，以建立有效风险防范机制为支撑，以扶贫机制创新为保障，解决农民担保难、贷款难问题，放大资金效益，做大做强特色优势产业，加快贫困地区、贫困农民增收致富步伐，为扶贫攻坚打下坚实基础。

 **案例一**

普惠金融视角下衡阳金融扶贫

普惠金融是指"立足机会平等要求和商业可持续原则，以可负担的成本为有金融服务需求的社会各阶层和群体提供适当有效的金融服务"，在 2005 年联合国"扶贫小额信贷年"上首次被提出。2016 年，国务院印发《推进普惠金融发展规划（2016—2020 年）》，从国家层面确立了"普惠金融"的实施战略。

近年来，在各银行机构与扶贫"财政"金融等政府职能部门共同努力下，衡阳市贫困村普惠金融覆盖率、可得性和满意度逐步提高。至 2016 年 9 月末，全市 ATM 机具 1 206 台，POS 机具 19 178 台，助农取款服务终端 6 851 台，手机银行拥有量为 41.08 万户，同比增加 12.02 万户，银行卡持有量 1 100.61 万张，银行卡交易 757.5 万笔，手机银行、网上银行业务快速发展，农村金融服务环境得到较大改善。全市 322 家贫困村金融扶贫服务站建设基本完成，扶贫服务站、助农取款终端、电商"三站"融合站点 131 家，打通农户信息链、资金链、产业链，支持贫困人口发展产业脱贫，产生了一批像祁东县枣园村这样的好典型，带动了成千上万的贫困村民脱贫，也极大地方便了贫困村销售农副产品，购进工业用品。

农村信用环境持续改善，普惠金融满意度逐步提高。各金融机构结合实际开展金融知识普及教育，培养公众金融风险意识，提高金融消费者素养，保护金融消费者合法权益。在全市设立 8 个人工查询网点和 3 台自助查询机，每年为企业和个人提供征信查询服务逾 10 万人（个）次。已获评信用乡镇 15 个，信用村 69 个，获得评价授信的农户 798 047 户，建立信用档案的农户 914 051 户。

金融精准扶贫力度不断加大，普惠金融获得感逐步提升。全市金融机构积极推动涉农金融产品与服务创新，农业银行、农商行系统、邮储银行推出"公司 + 农户"贷款等多种信贷产品，如"富农贷""金湘通""阳光创业贷""光伏贷""林权抵押贷款"，支持区域农业特色产业发展，并创新扶贫小额信贷、新型农业经营主体贷款以及易地扶贫搬迁贷款等产品，支持贫困人口通过发展产业、易地搬迁脱贫。截至 9 月末，全市金融精准扶贫贷款余额 59.47 亿元，扶贫小额信用贷款余额 5.3 亿元。耒阳"农房抵押贷款"全国试点有序推进，目前已累计发放农民住房财产权抵押贷款 369 笔，贷款余额 12 386 万元。全市共有 127 个贫困村、76 家企业与农商行系统、邮储银行、农业银行、华融湘江银行、村镇银行等金融机构开展扶贫产业项目对接，通过入股分红、解决就业等形式带动 2.3 万贫困人口稳定脱贫。

本案例中，首先要理解"普惠金融"，理解的关键是在"普惠"上。"普惠"有两层含义：其一是被服务者机会平等，贷款成本低、小额度、多渠道；其二是良好的信用环境才能做到普惠。因此扶贫工作的重点在于营造良好的信用环境。衡阳市金融扶贫工作取得了显著成效，但此类型的扶贫要持续关注以下问题：基层金融机构主体单一，信贷产品创新不足，有效信贷供给不足，金融生态建设相对滞后等。普惠金融助推精准扶贫还存在一定的改进空间。为此针对普惠金融助推精准扶贫提出以下政策建议：加强政策引导和激励，构建多层次普惠金融服务体系；鼓励信贷产品创新，加大对贫困地区产业扶持力度；优化金融生态环境，构建精准扶贫长效机制。

 **案例二**

饶阳县金融精准扶贫

饶阳县为典型农业县，工业基础相当薄弱，是衡水市乃至河北省的重点农业县、蔬菜产业大县和京津冀"菜篮子"。农业产业化程度高，规模大，转型升级步伐日益加快，资金需求巨大，仅仅依靠政府财政支农已远不能满足现代农业发展的需要。饶阳农行以服务现代农业发展为己任，与县政府合作，积极破解"三农"贷款担保难的问题，走出了一条促进"三农"业务健康持续发展的新路子。

在饶阳县传统农业向现代农业转型升级过程中，由于农业经营主体缺少抵押物，难以满足金融机构贷款条件，导致"贷款难"。为着力化解"三农"贷款抵押担保难的操作性问题，农行和饶阳县政府积极合作，开展农村土地承包经营权和温室大棚抵押担保贷款创新，借款人通过将其不改变农村土地所有权、承包权性质，不改变农业用途的农村土地承包经营权或者其拥有的砖混结构、钢混结构、钢结构等新式温室大棚作为抵押担保，向农行申请办理借款业务。

农行在推动农村土地承包经营权和温室大棚抵押担保贷款创新的过程中，经过与饶阳县人民政府多轮协商，协调政府主管部门推动农村综合配套改革，加快和完善农村土地和温室大棚的确权登记，为抵押担保贷款创新创造条件。饶阳县作为国家级贫困县，财政实力弱，撬动金融资金规模的能力十分有限。为有效缓释"三农"信贷风险，农行与饶阳县委政府沟通合作，积极向农业部争取财政支持，申请中央财政资金，设立了"三农贷款风险补偿基金"。风险补偿基金由县农牧局、县财政局和农行三方共同管理，专门用于土地承包经营权抵押贷款的风险补偿。农行最高按照基金总额的10倍放大规模发放"三农"贷款，基金对农行"三农"贷款风险根据不同情况给予一定比例的补偿。通过发挥财政风险补偿基金的杠杆效应，带来"三农"贷款投放规模的扩大，农行3年累计可发放"三农"贷款1亿元，带动农户和农业新型经营主体增加收入1亿元，新增税收1 500万元以上，新增就业机会3 000个以上。

经过前期的考察学习、交流沟通，县政府下定决心鼓励金融机构推广农村土地承包经营权抵押贷款业务，权属证书、抵押登记均有政策支持，土地流转交易规范活跃，业务发展市场潜力巨大，加之风险补偿基金的支持，贷款风险防控措施到位，开办土地经营权抵押贷款业务能产生较好的经济效益和社会效益。饶阳农行请示上级行试点农村土地承包经营权抵押贷款业务，允许辖内条件成熟的乡镇报市分行审批同意后开办业务。

经省市农行层层把关，总行批复同意饶阳支行根据当地实际，遵循"试点先行、逐步增加"原则开展试点工作。

通过将农村土地承包经营权和新式温室大棚作为抵押担保物，农行每年可支持普通农户 500 家左右，实现发放农户小额贷款 2 000 万元，有力支持 80 余家专业大户、家庭农场、农民专业合作社和产业化龙头企业等农业新型经营主体，贷款累计投放达到 9 000 万元，有效盘活了农村固定资产，化解了农业生产经营主体"缺抵押、难办理"的困境，增强了经营主体的融资能力和发展能力。经过全行上下积极努力，截至目前，饶阳支行已经完成发放土地承包经营权抵押贷款 67 户 599 万元，得到了县委政府和广大农民的好评，有力支持了当地棚室经济发展，为下一步全县的金融扶贫工作找到了新路。

🔍 案例分析

本案例提示我们，要想做好金融扶贫，必须依托政府的主体作用，与政府多沟通，取得政府的支持和理解，真正实现银政合作，才能助推金融扶贫的力度。其中政府的增信机制是做好金融扶贫工作的有效抓手。以上案例中政府配套了"三农风险补偿基金"，为创新土地承包经营权抵押贷款打好了基础，增强了商业银行的信心和决心。同时要强调创新产品，精准扶贫，还要向上级行多争取政策，依托本地特色，寻找与上级行政策的切入点，进行产品创新，比如本案例，依据饶阳县棚室经济发展较快、种植面积大的特点，饶阳农行创新了以"土地承包经营权及地上棚室"进行抵押的贷款方式，盘活了农民手中的资产，解决了农民贷款难、担保难的问题。

 **案例三**

云南巴拉格宗 ABS 金融扶贫

资本市场作为金融市场的重要组成部分，对精准扶贫工作的重要性不言而喻。深圳证券交易所于 2016 年 7 月 20 日推出首单贫困民族地区的资产证券化产品——云南巴拉格宗入园凭证资产支持专项计划（简称为"巴拉格宗 ABS"），精准对接了贫困县（香格里拉县）特色产业的金融服务需求，有利于推动该贫困地区经济发展。

资产支持证券（Asset–Back Security，ABS）是指以实物或无形资产为基础资产，发行可交易债券的一种金融工具，也是资产证券化的主要方式之一。其中巴拉格宗 ABS 是资本市场首个金融扶贫创新产品，通过资本市场盘活云南香格里拉县巴拉格宗景区的旅游资源，拓宽贫困县的融资渠道，带动贫困人口脱贫。巴拉格宗 ABS 的基础资产是巴拉格宗景区的入园凭证，这是原始权益人依据政府文件，因建设香格里拉县巴拉格宗景区及其设施而获得的。巴拉格宗 ABS 将特色旅游资源转化为入园凭证这一资产，然后将入园凭证的收益进行证券化，盘活了当地的特色产业。巴拉格宗 ABS 发行总规模为 8.4 亿元，其中优先级 8 亿元，次级 0.4 亿元。发行 ABS 筹集的资金主要用于景区的后续改造、建设及维护，致力于提升景区质量。

巴拉格宗景区是国家 4A 级旅游景区，位于云南省迪庆州香格里拉县，香格里拉县是我国国家扶贫工作重点县，景区是当地特色的旅游资源。然而，景区发展和资金缺口的矛盾日益突出。因此需要通过市场化的手段扩展景区的融资渠道。巴拉格宗 ABS可以解决长期、大规模的资金来源问题，优势有三点：一是巴拉格宗 ABS 的融资规模较大；二是融资期限较长；三是偿付安排更加合理。

巴拉格宗 ABS 产生的现金流将对当地的经济起到一定的推动作用。从直接影响来看，预计巴拉格宗 ABS 产生的现金流（合计为 16.7 亿元，占地区预计 GDP 的 5.7%）在计划存续期间（2016 年 5 月 1 日至 2023 年 4 月 30 日），对作为贫困县的香格里拉县的经济带动作用较为显著。从间接影响来看，巴拉格宗 ABS 融资主要用于景区的后续改造、建设及维护，这些投入会带动基础设施投资、景区周边服务业（如农家乐、小旅店等）等相关产业，推动民族贫困地区的经济发展。村民能直接从承包零星工程等事宜中受益，预计每户每年增加 10 万元左右的收入，远高于我国年人均收入 2 300 元的贫困线。

巴拉格宗 ABS 对就业的影响，也分为直接影响和间接影响两部分。从直接影响来看，巴拉格宗 ABS 发行后，景区吸纳了近 200 多名新就业人员。随着巴拉村、泽噶塘古村落仿古酒店、崖咱温泉等景点的开业，预计还能吸收 150 名当地剩余劳动力。香格里拉县 2015 年全年新增城镇就业 2 091 人，巴拉格宗 ABS 解决的就业人口占当地新增就业人口的 17%。从间接影响来看，景区的经营发展能带动当地其他村民发展养殖业、畜牧业、服务业等，从而能为当地提供较多就业机会。

🔍 案例分析

本案例表明，扶贫工作应以政府为主导，充分发挥资本市场在扶贫工作中起到的推动作用，在资本运作中，中央政府的主导与地方政府的落实要相互协调。鼓励市场化的金融机构参与金融扶贫，通过市场化机制提高扶贫工作的效率。精准扶贫需要充分挖掘民族和贫困地区的优势资源，资本市场支持金融扶贫应以少数民族和贫困地区的优质资源为基础, 评估投资回收的可能性, 有效对接农业、旅游业等特色产业, 设计有针对性的、有效益的金融产品来参与扶贫, 确保投资人能够从金融产品中受益, 使金融扶贫进入良性循环。

三、搬迁移民扶贫

搬迁移民扶贫是对生存条件恶劣地区扶贫对象进行易地搬迁, 使其迁到相对容易发展的地区, 整个过程包括搬迁户住房建设、安置区基础设施建设、迁出区生态建设以及搬迁户脱贫等方面的内容。搬迁移民扶贫是帮助"一方水土养不好一方人"的地方贫困群众"挪穷窝、改穷貌、拔穷根"的治本之策, 是农村扶贫开发的重要举措, 能够从根本上解决居住在相对偏远, 基础设施较为落后, 生态环境极度脆弱和自然灾害高发地区贫困人口的脱贫和发展问题。

 **案例一**

江西修水搬迁移民扶贫

江西省九江市修水县是一个山区农业大县, 素有"八山半水一分田、半分道路和庄园"之称, 也是国家扶贫开发工作重点县和省定特困片区县。2003 年, 江西省委、省政府将修水县列为全省深山区、库区搬迁扶贫工作试点县, 要求修水探索深山区移民扶贫的模式。通过十多年的努力, 经历了从投亲靠友分散安置到有土集中安置两个阶段, 至 2012 年底共搬迁 1.2 万户 6.2 万人, 建立安置小区 281 个, 为改善贫困群众的生产生活条件发挥了积极作用。新形势下, 群众对扶贫搬迁不再仅仅满足改善生活环境, 而是对长远发展有更高需求。

2012 年底以来，修水县深入贯彻落实党的十八大精神和省市的决策部署，将搬迁扶贫与新"四化"相结合，扎实开展了推进整体移民搬迁、加快城乡发展一体化试点工作。自试点工作启动以来，得到了国务院扶贫办和省委、省政府的高度重视。国务院扶贫办把修水县列为全国扶贫搬迁工作示范县，省委、省政府将修水县列为全省城乡一体化工作试点县；省委书记强卫和省长鹿心社分别对此作出重要批示；强卫书记等省市领导先后到修水县实地调研视察。先后有湖南、湖北、广西、安徽、河北、山西及本省近 160 个县（市、区）领导到修水县考察指导；中央电视台、新华社还作了专题报道。2014 年，修水县被省委、省政府授予"全省扶贫和移民工作先进县"。

修水县把党政推动与各方联动、群众参与有机结合起来，努力形成各方凝心聚力、推进工作落实的强大合力。同时也不忘着重从观念和思路上打破城乡二元结构的思维定式，从规划上重新审视和谋篇布局移民搬迁安置和县域经济发展。另外，修水县还坚持以土地产权制度改革为核心，按照"两分两换六联动"的路径，确保移民搬迁后有住房、有就业、有保障、有户籍。"两分"是指移民宅基地与承包地分开，搬迁与土地、山林流转分开。"两换"是指以宅基地换住房、以耕地承包权和山林经营权换保障。"六联动"是指联动推进就业保障、户籍制度、社会管理、涉农体制、金融服务、公共服务六项改革。其中，"两分"是前提，"两换"是核心，"六联动"是保障。最后修水县还将深山区、库区、地质灾害区、洪涝灾害区、生态保护区等符合搬迁条件的地方纳入搬迁范围，按照"整村、整组、整自然村"的顺序实行整体搬迁。

移民搬迁后，管理是重点，就业是关键。一是实行社区化管理。为加强对搬迁移民的后续服务和管理，设立了良瑞社区，组建良瑞小区管委会和社区居委会，从 1 个安置乡镇、3 个搬迁乡镇和房管局等单位抽调 10 名干部到良瑞社区上班。二是明确管理职责。按照乡级政府的管理模式，成立 6 个服务中心和 8 个公共服务机构。将以"人"为主的服务事项归社区管理，以"地"为主的服务事项归原村管理，探索"社区管房、管人、管社会事务，原村管林、管地、管惠农补助"的管理方式。三是开展入住培训。组织有关部门编印了《良瑞小区入住培训手册》，举办了 8 期入住培训班，对搬迁移民开展了感恩教育，进行了文明礼仪、法律法规、物业管理、就业指导等方面培训，帮助移民尽快适应县城生活。四是制定后扶政策。如环卫、保洁、绿化等政府公益性岗位优先安排搬迁户；良瑞小区幼儿园采取公建民营、降低租金、按公办收费标准对外招租优质幼教资源；商铺、超市、宾馆、酒店等优先向移民户拍租；储藏间每户一个，租金每平方米 1 元；物业费以全县最低廉的价格收取；卫计所原有村医待遇"四个不变"；原有村干部待遇"五个不变"；殡葬政策十年优惠等，确保移民得实惠。

修水县以整体移民搬迁为抓手，以"强工兴城"为切入点，创新了城乡一体化的路径，取得一定成效，初步实现了"五个良性互动"，即发展的良性互动、生态的良性互动、人的素质的良性互动、社会管理的良性互动和城市资源利用的良性互动。

案例分析

　　推进整体搬迁扶贫、加快城乡一体化是一个全新的课题，没有现成的经验模式可循。修水县以突出解决好搬迁安置问题为重中之重，以推动科学发展、促进社会和谐为基本方向，以保障和改善民生为根本出发点和落脚点，积极探索，大胆实践，扎实推进试点工作。搬迁前观念先进，有高度格局大，视野开放。破除城乡二元格局，着眼于新型工业化、信息化、城镇化、现代农业化的未来发展趋势，进行统筹规划。搬迁安置中操作路径明确，"两分两换六联动"效果明显。搬迁后抓管理、抓就业，抓住了矛盾的主要方面，产生了良性互动的效果。修水搬迁扶贫最大的亮点是面向未来进行设计。

 案例二

山西岢岚县甘沟村搬迁扶贫

甘沟村是山西省岢岚县宋家沟乡的一个偏远小山村，距离其所属乡镇 25 千米。这里交通、水利、医疗、教育等条件极差，但环境优美、空气清新，当地人将这里比作是"世外桃源"。但是通过实地调研，那里并没有"世外桃源"般的美妙，反倒是单纯的"与世隔绝"。甘沟村是个纯农业村，全村共有 30 户，70 口人，生活在这里的人们，完全依靠土地生活，耕地数量多，种植的植物品种也多，粮食作物有小麦、莜麦、荞麦、谷子、高粱、玉米、土豆等；经济作物有胡麻、大豆、葵花、黄豆、黑豆、红芸豆等。但耕地质量差且水土流失严重，农业生产非常困难，粮食产量低且不稳定；原因主要体现在以下两个方面：一是这里灌溉水缺乏，靠天吃饭，粮食产量容易受年降水量的影响；二是这里植被覆盖率高，有一种叫山猪的野生动物长期居住在这里，地里的庄稼往往在生长的关键季节被大量成群的山猪糟蹋，最后只留下一半左右的庄稼苗，且都受山猪不同程度的啃踩。因此，人均 10 亩的耕地数量也并没有较高的粮食产量。好年景时还能存点粮食，年景不好时也就刚够糊口；除此之外，山猪对甘沟村百姓的生命安全也构成严重威胁，常有干活晚归的农民在回家路上碰见山猪而不得不躲藏起来的现象，也曾有人受到过山猪的袭击，甘沟村百姓的生活可谓艰险。

2009年，宋家沟村传来了整村搬迁移民的消息。移民新村所在位置是甘沟村所属乡镇宋家沟乡政府驻地宋家沟村，该村位于距离县城20多千米的209国道旁，地势平坦，交通便利，水资源丰富，耕地肥沃，农业生产条件较为优越。从2009年开始，政府统一协调周边的甘沟村、东场沟村、圪豆沟村等6村45户、243口贫困人口搬迁到此。移民们每户出6万元，均可获得80平方米的4间砖瓦房，附带一座3分地的蔬菜大棚、一个羊圈、一个庭院。

从目前扶贫移民来看，移民搬迁以后的心理变化是影响其在迁入地能否稳定（是否存在返迁打算）的重要因素，而一旦移民返迁，就意味着对这部分村民进行迁移的失败。因此，实施扶贫移民的组织单位应本着"迁得出、稳得住"的思想，努力使其能在迁入地稳定安居。这就要求政府能够密切关注移民搬迁后的心理变化，从精神上鼓舞移民，尤其应加强对较年长或生存能力较差者的精神慰藉，使其获得对未来生活的信心与勇气，以便在迁入地稳定扎根。

在扶贫移民搬迁后，移民面临的最大困难就是收入问题，即移民就业问题。因此，扶贫移民实施后政府在迁入地引进与当地生产特色有关的农业加工企业，帮助移民解决农业生产品的销售问题，减少因销售困难而造成的农业生产损失。由于农业生产具有季节性的特点，在迁入地适当引进一些污染较少的工业企业，不仅可帮助解决迁入地农业剩余劳动力的就业问题，同时也可增加从事农业生产的劳动力在农闲时的就业，为进一步提高移民收入创造条件。

任何事物的发展除了要具备良好的外部环境外，更为重要的是来自事物内部的原动力，这个重要的原动力就是移民素质的提高。因此，在扶贫移民工程实施的基础上，政府还应注重对移民素质的培养。各移民村应定期举办现代劳动技能知识和科学种养殖知识的培训，使移民能够掌握新型科学技术知识和生产经营方式提升自身生存能力，以较快适应新村环境。同时，在移民新村新建文化娱乐设施，为移民交流思想提供场所，一方面可充实移民业余生活，另一方面可促进移民转变安于现状、因循守旧、封闭狭隘发展的思想，逐步开阔眼界，转变思想观念，丰富移民的劳动技能和知识领域，最终提升移民综合素质。

案例分析

移民活动是扶贫移民主体（移民本身）为获取和实现其期望的外在表现。移民搬迁很大程度上是想获得比原来更好的生活、生产条件，尤其对于贫困地区的农民来说，他们想要通过搬迁来增加收入的想法是极其强烈的。通过两个故事的比较得出，处于迁移边缘的人口，他们一方面出于自身考虑，另一方面出于对政府工作的配合而会选择搬迁（对自身考虑占主导作用），但此类搬迁人群搬迁后的生活很容易受其预期搬迁效果（主要是预期收入）的影响，搬迁后不能积极主动地投入生产，容易产生退却及对政府的依赖心理；而对搬迁早有打算的家庭，他们搬迁后即使面对困难也能够积极勇敢承担，对未来能够充满信心与希望。为了使移民搬迁以后的生存与发展权益得到保障与发展，政府应从关注移民心理变化、加强移民后续扶持、提高移民综合素质方面着手，承担作为移民项目实施者的责任。

案例三

陕西搬迁移民扶贫

陕西省搬迁移民工作主要集中在陕北白于山区和陕南地区。从类型来看，陕西省搬迁移民共有四种类型，分别是地质灾害移民、洪涝灾害移民、扶贫移民和生态移民。从搬迁移民规模和数量来看，陕北白于山区计划在 2011—2020 年移民 39.2 万人，而陕南三市（商洛、汉中、安康）计划在 10 年时间内移民 244.8 万余人。按照相关规划，当前陕西省移民安置共有四种类型，分别是城镇安置、移民新村、小村并大村和自主迁移。以陕南移民安置为例，城镇安置人口为 440 989 人，移民新村安置人口为 1 543 794 人，小村并大村方式安置移民为 257 009 人，自主迁移安置人口为 206 516 人。从以上数据可见，移民新村是搬迁移民安置的主要类型。

总体上看，通过搬迁移民扶贫工作，政府期望的是对贫困农户的生计状况施加积极的干预，从而形成可持续和健康的农户生计类型与结构。从贫困户的收入构成来看，搬迁移民前期收入主要依赖于农业收入和外出务工收入。这就意味着贫困户的生计具有兼业的特征，即农业和非农业的结合。也正如研究者所发现的，当前我国农村家庭具有显著的"半工半农"的生计模式特征。这种生计模式意味着，农业收入对贫困户家庭十分重要，尤其是其能够维持家庭内留守人口的基本消费与生活需求。因此，如果搬迁移民导致贫困户缺失农业收入，且其他收入并没有增长，贫困户的生计状况就难以好转，甚至还会陷入新的贫困境地。

移民生计是一个综合系统，除自然生态空间外，经济、社会和政治等空间因素也是移民生计空间的重要构成要素。因此，应对现有的搬迁移民进行优化和升级，如此才能避免移民生活水平下降和生计不可持续的问题。

　　贫困人口在村庄中是分层的，这种层次性意味着贫困户的搬迁移民能力是不同的，因此依据支付能力和生计资本的差异，应实施多层次的搬迁移民政策。在搬迁移民工作中，最贫困者往往无力负担新房建设成本，而经济条件相对较好，或是其社会资本较为丰富者则能够承担该项支出，所以搬迁移民户型设计要考虑不同群体的需求和支付能力。通过调查发现，村庄内的最贫困者对农业收入的依赖性较高。另外一些主要依赖务工获得收入的农户，则对土地没有明显依赖。农户社会地位、收入构成和主要生计来源的差异意味着在搬迁扶贫工作中应制定差异化的搬迁扶贫政策。对于那些对农业经济依赖显著的，则要着重通过有土安置的方式实施搬迁移民；对那些收入主要来源于非农收入的，则可以考虑无土安置或是少土安置。在有土安置方式中，要重点满足那些对土地有强烈依赖农户的土地需求。差异化的搬迁移民目标是为实现搬迁移民生计的帕累托最优，在不降低其他移民生计水平的前提下，保障最贫困人口生计能力的提升。对于最贫困的迁移户，还可以考虑分期支付房屋成本的做法，这可以有效降低搬迁移民的门槛。差异化的政策也许会引发人们对政策公正性的质疑，但是可以很好地解决搬迁移民中的社会排斥问题。

🔍 案例分析

　　通过本案例，可以清楚地看到，当前的搬迁扶贫工作面临着严峻挑战与现实困境，主要表现为：搬迁移民，尤其是山区的搬迁移民面临着迁移地空间与土地资源稀缺的限制；贫困户在移民后，其生计空间变得更加单一，生计脆弱性增强；由于搬迁移民扶贫对移民的社会支持与社会资本工作重视不够，导致其在新居住地面临社会资本薄弱和社会支持缺乏的困境，这样的情况容易导致次生贫困；搬迁移民扶贫工作仍以县域为主要单位，跨行政区域的搬迁移民合作较少出现，搬迁移民难以实现移民人口经济、政治与社会空间的全面改善。出现以上困境和问题的主要原因是，缺乏对贫困成因与脱贫对策的全面思考，缺乏对搬迁贫困户可持续生计的周全设计与认知。在实践层面，搬迁扶贫缺乏与其他类型的扶贫的有机结合。这些都是搬迁扶贫工作应认真考虑的。

四、电商扶贫

电商扶贫，即电子商务扶贫开发，就是将互联网时代日益主流化的电子商务纳入扶贫开发工作体系，作用于帮扶对象，创新扶贫开发方式，改进扶贫开发绩效的理念与实践。电商扶贫是电商与扶贫工作的融合，电商特征明显，但根本还是扶贫，电商只是载体而不是目的，最终检验成效的是扶贫效果。电商扶贫必须要精准到人、到户，体现为实实在在的卖出去、挣回来，让老百姓感受到实惠。

 **案例一**

甘肃陇南市电商精准扶贫

陇南市在成为全国电商扶贫试点以来，瞄准建档立卡贫困人口，定位准确，组织得当，保障有力，先试先行，积极创新，打造出"各方参与、资源整合、优势互补、倒逼升级、精准带贫、形成生态"的电商精准扶贫新模式。在较短的时间里初步解决了农副产品"难卖"问题，实现了贫困人口因电商而增收，贫困发生率的大幅下降，转变当地群众的落后观念和思维惯性，为未来扶贫攻坚工作的顺利推动奠定了坚实的实践基础和思想基础。

按照按需培训、因材施教的原则，采取"走出去，请进来"等方式，开展全方位、多层次的电商扶贫精准培训。以扩大网点发展规模、提高网点发展质量、增加网点销售收入为主要目的，开展全市网店提质增效、网店培育、问题网店整改等活动。以市场为导向，立足陇南特色优势资源，大力发展核桃、花椒、油橄榄、中药材、苹果、茶叶、食用菌等特色产业，给每个试点贫困村研究确定了适宜网络销售的主打农特产品，积极制定农产品生产加工地方标准，推进标准化生产。全市投资 5.91 亿元加快乡村网络建设，鼓励群众采取集资的办法架设光缆，实现了全市城区及 195 个乡镇 4G 网络全覆盖。

聚焦特困片区和贫困村社，整合资源加快基础设施建设步伐，三年硬化通村公路 10 000 千米，2017 年硬化通村公路 3 539 千米，全市行政村公路通畅率达到 99.7%。今年投资 14.53 亿元加快贫困乡村网络建设，全市有 2 561 个行政村已通宽带，行政村宽带覆盖率由 2015 年的 65% 提高到现在的 80.8%；积极实施"宽带进村流量补助"工程提高了宽带网络使用率。扶持市内本土电商企业创办的物流快递公司在有条件的村建立快递物流服务站点和业务收揽点，全市累计建设物流企业数达到 247 家，今年新增 20 家，快递网点累计建设数量 928 个，今年新增 142 个，基本形成了"县有中心、乡有站、村有点级"物流配送体系，有效解决了快递物流"最后一公里"难题。组建了"支持电商扶贫快递联盟"，使全市快递费用从 2013 年的平均每千克 10 元，降低到现在的平均每千克 5 元。

陇南的电商扶贫实现了从无到有、从小到大的历史性变化，已经呈现出集中突破的良好态势。截至 2015 年底，全市共培训电商人才 8.5 万多人次，开办网店 8 674 个，销售额达到 26.5 亿元（其中线上销售 8.8 亿元，线下销售 17.7 亿元），累计销售 34 亿元，新增就业 3.7 万人，直接带动贫困群众人均增收 430 多元，同时，通过电商扶贫，倒逼了农村基础设施改善，通村公路硬化率从 2014 年的 54% 提高到了 66%，宽带网络覆盖率从 41% 提高到了 69%，有各类物流企业 227 家、快递服务站 786 家、村邮站 1 200 个，为贫困群众增收致富开辟了新渠道，电商扶贫日益成为陇南扶贫开发的重要方式，体现出多方面的综合成效。试点开展以来，先后有 14 个省市的 200 多个考察团 5 000 多人赴陇南考察学习电商扶贫工作。陇南电子商务产业孵化园和顺通电子商务物流园建成投用。

陇南电商精准扶贫，通过"小农货"对接"大市场"，解决贫困农村农产品"难卖"问题，促进贫困群众收入增加，贫困发生率进一步降低，多种带贫模式使得特别困难群体体面生活。同时，电商精准扶贫倒逼产业结构优化，带动基础设施建设改善；推动商业参与和社区参与，促进村民思想观念转变；打造多种带贫模式，创新扶贫工作机制。陇南市电商精准扶贫是系统的、高效的、杰出的扶贫工程。该实践不仅有效推进陇南市实现电商精准扶贫、精准脱贫工作，同时对我国其他贫困地区电商精准扶贫起到了很好的示范和引领作用，对于我国的扶贫攻坚事业的推进也有较大的借鉴意义和应用价值。

🔍 案例分析

本案例提示我们，电商平台的构建必须基于迅捷的信息流、物流和人才流。信息流指互联网与自媒体相关信息的分享；物流指生产各要素和产品在各环节上的流转；人才流简单地讲就是优质的资源配比优质的人才。只有这三者结合，电商平台才能有效运营。在本案例中，我们还要借鉴陇南市在充分尊重市场规律的同时，探索出政府引导、市场推进、社会参与、协会运作、微媒助力"五位一体"的发展模式。特别是在特困片区、贫困村，整合双联、电商、扶贫力量，建立双联驻村工作队"一对一"网点发展帮联机制和"一店带一村带多户"网店带贫机制，并初步探索形成了网店带贫、"就业"带贫、"平台"带贫、"信息"带贫、"工程"带贫五种电商扶贫新模式。

 **案例二**

湖北"建始模式"电商扶贫

建始县位于湖北省西部，地属恩施州，属于武陵山集中连片特困地区，是国家级贫困县。全县共有 10 个乡镇、368 个村。近年来，建始县大力推进"互联网 +"农村电商发展，确定"以销代产、以产促业、以业脱贫"的农村电商发展思路。到 2016 年，建始县已拥有 2 个县级电商运营和体验中心，10 个乡镇示范店和服务中心，800 多个村级电商服务站，电商快递物流企业达 18 家。培育出淘实惠、邮乐购、裕农电商 3 大本地电商平台，同时京东恩施馆、淘宝天猫店、微店、微商等主流电商平台相继进入，培育了金辰电子商务公司、骄旭电子商务公司等本土专业化电商企业，可以说已初步形成"互联网 +"农村电商的新业态。2016 年，通过代买代卖、线上线下、融合互推，全县工业消费品电商下行营销额 2.15 亿元，猕猴桃、红提、空心李、土豆、芋荷梗、土猪腊肉、菜油等 20 余类农产品上行网络营销额 1.27 亿元，全县约 1.6 万贫困人口从中增收，取得了较为显著的经济效益。目前建始县"互联网 +"农村电商已进入一个良性健康的发展通道，在助推农村经济结构转型与产业升级、精准扶贫与脱贫方面，扮演了极为重要的角色，起到了关键作用。因此分析建始县"互联网 +"农村电商产业发展的路径探索及其成效，具有重要的意义。

互联网的超越物理边界性能够很好地延展农产品的市场范围，互联网上消费者购买能力与需求规模能够很好地引致企业突破规模瓶颈，做大做强产品，从而具有实力反向吸纳贫困户进入产业链，通过订单等方式，为企业提供标准化农产品，以此带动贫困户脱贫。因此，传统农业企业转型电商营销是推动互联网扶贫的重要方式。以建始县为例，2016 年开始推进农业生产企业转型发展电商营销，当年有 35 家农业企业涉足网络营销，当年营销额即超过 5 000 万元。其中涌现出食达好现代农业公司、米工坊食品公司、晓姚农夫食品公司等电商转型代表企业。

具体而言，食达好现代农业公司在线主营腊味系列产品，2016 年先后投入资金 50 余万元，改造包装设计，重新策划宣传方案，开发适宜网销的对口产品，组建了自己的电商营销团队，开办网上企业旗舰店，与淘实惠、京东恩施馆、中通优选等一批实力电商运营团队建立了直供关系，走出"全媒体、多渠道"营销之路，首年网络销售额就超过 300 余万元。受网络销售规模的带动，公司对原料的需求量大幅增加，2017 年公司通过养殖专业合作社，与 100 户建档立卡贫困户对接养殖黑山猪，公司通过提供仔猪，防疫服务等，发展订单养殖，公司负责回购，以"保底价 + 市场"价双价保障模式，确保贫困户能够从养殖中获取稳定的收益，助力贫困户脱贫。

由于受众群体多集中于长三角、珠三角等城市群，农产品通过互联网平台营销，一旦突破消费者对品质和信任的门槛，很容易形成规模消费效应。反馈到电商产业链上，就要求农产品供给端有足够的可标准化的农产品，基于资源配置的经济利益导向，就会逆向推动农产品生产模式的改变，从过去零散的、小规模的、非标准化的生产行为转变为具有组织性、标准性及适度规模性的生产行为，从而满足电商产业链上对标准化农产品的需求。以建始县淘实惠电商平台销售猕猴桃为例，2016 年，淘实惠公司通过从种植户手中收购猕猴桃，进行分级包装，转换为标准化商品，通过平台在互联网上营销，取得巨大成功，消费者反馈建始猕猴桃品质好、口感好。2017 年，公司通过网上众筹、网上预售、预订等方式，获得了近百万斤①的订单量，如此规模的需求量，让公司始料未及，甚至后来不敢再接订单。为了满足互联网消费农产品标准化，公司开始与猕猴桃种植集中乡镇的种植大户、合作社进行对接，建立订单模式，通过电商企业定标准，合作社组织农户按标准进行生产、提供打枝疏果等技术服务，农户按照收购标准种植猕猴桃，以满足互联网终端消费者的需求。正因如此，通过互联网对农产品的消费，对于农业的标准化、组织化具有很好的助推作用，助推农业产业升级。

🔍 案例分析

　　本案例是一个典型的电商扶贫的成功案例，可借鉴、需领会的地方很多，我们要把握以下要点：第一，多维度布设电商平台，捕捉市场信息，分析市场趋势，对接农产品生产；第二，农产品从盲目生产向订单农业转化；第三，电商平台为订单产品设立标准和规格，实行品牌销售；

①　"斤"为非法定计量单位，1 斤 =0.5 千克。——编者注

第四，农产品生产要从增加产量向提高质量上转化；第五，电商平台得到市场信任，生产与销售形成规模效应；第六，电商产业链完善与升级，拓展产业类型。需要强调的是，以上六个要点是环环相扣、层级递进的，这样产业链一步步对接完成。"建始模式"的电商扶贫具有重要的示范意义。

 案例三

益阳市安化县电商扶贫

安化县地处湘中偏北，雪峰山脉北段，资水中游，是山区林业大县，其自然资源丰富，生态秀美，森林覆盖率达 76.17%，是国家重点生态功能区，被誉为"中国黑茶之乡"。为了保护耕地资源和当地环境，改善农民收入水平，促进当地经济发展和基础设施建设。2013 年起，安化县依托山水资源及自身特有的茶叶优势，和"互联网+"时代背景，把茶产业作为推进"绿色崛起"战略核心载体和富民强镇的支柱产业来打造，并鼓励黑茶企业开展安化黑茶电子商务，协同利用各种资源，助力安化县实现产业扶贫与脱贫。大力发展黑茶电子商务后，扶贫效应显著，全县贫困农户中，80% 的农户种有茶园，从几亩到几十亩不等。截至 2016 年底，安化黑茶产业帮助 5 万余人脱贫。安化县 GDP 总量为 196.3 亿元，人均 GDP 为 21 499 元，较 2013 年增长 33.7%。

安化县在发展黑茶电子商务扶贫过程中，高效合理地利用了各种资源。包括主体资源（自然资源和人力资源）、关键资源（技术资源和资金资源）、动力资源（政策资源和物流资源）、核心资源（产品资源）。各种资源合理搭配及交互融合，使得资源协同效应发挥到最大。

　　农村电子商务的兴起为黑茶产业快速发展提供了契机。受互联网和移动互联网的深刻影响，利用互联网平台覆盖性广、交易便利的特性是推行黑茶消费、开拓市场、打响品牌的最优途径。以白沙溪、怡清源为代表的黑茶龙头企业等，基于新型互联网消费者消费能力、消费行为和消费需求开发了一系列高质量的产品，并及时跟进售前服务和售后服务，为消费者讲解喝茶的益处，冲泡的方法以及一些注意事项。2014 年，怡清源首次推出"实物交易、增值可回收"创新理财概念，推出"会赚钱"的安化黑茶产品，赢得了互联网消费者的青睐。通过整合官网、淘宝、天猫等平台的数据，进行分析与预测，又能进一步把握新的消费趋势，进行精细化研发、标准化生产以及新媒体的营销方式。如结合黑茶网络销售，设置二维码系统，记录产品品种、品质、产地等信息，为消费者和生产者提供详细的信息查询服务，提升消费者对产品与品牌的信任度。最终，形成黑茶电子商务发展良性循环。

　　本案例以安化县为例，分析和归纳了资源协同背景下，农村电子商务扶贫过程机制。我们发现在电商扶贫过程中，资源协同发展推动了农村电子商务发展，并发挥了各种资源的最大效用。而农村电子商务的迅速发展，带动了黑茶热销，使得黑茶毛茶销售量和收购价逐年上升，切实提高了农户收入，增加了电子商务扶贫效应。

🔍 案例分析

　　本案例中，电商扶贫实践了"因地制宜的传统产业—资源协同发展—传统产业与农村电商结合—实现电商扶贫"的扶贫模式。由政府和企业共同监督管理，协同利用各种资源，带动了安化县茶业、农村电子商务、旅游业和流通业等行业的发展。在资源协同背景下，自然、人力、技术、资金、政策、物流、产品等资源为电子商务良性循环发展保驾护航，最终增加黑茶产业扶贫效应。政府和企业大力发展黑茶电子商务扶贫取得了良好的经济效应和社会效应。不仅实现了资源合理利用，提高了当地农民收入；调整了产业结构，推进了农业现代化进程；完善了基础设施建设，提高了城镇化水平，促进了当地经济发展，还实现了人与自然和谐发展，为更多人提供了就业机会；有效缓解了农村空心化和空巢家庭等不良社会现象，有利于缓解人口老龄化，更有利于社会稳定。

五、光伏扶贫

光伏扶贫主要指在住房屋顶和农业大棚上铺设太阳能电池板，"自发自用，多余上网"。农民可以自己使用这些电能，并将多余的电能卖给国家电网，从而带动脱贫致富。光伏扶贫作为一种新型的扶贫手段，既符合国家精准扶贫、精准脱贫战略，又符合国家新能源产业政策，有助于促进贫困人口增收，已成为产业扶贫的重要方式，对我国开展光伏扶贫项目具有十分重要的借鉴意义。

 案例一

安徽金寨光伏扶贫

在长期扶贫实践过程中，安徽金寨县探索出了适宜自身发展的脱贫方式，通过实施易地扶贫搬迁和水库移民搬迁、"金融＋产业扶贫"模式、贫困户"小额贷款＋补贴"精准扶贫模式等方式帮助贫困户实现真正脱贫。然而，针对那些"失能""弱能"的贫困户，很难通过以上方式实现脱贫，金寨县政府意识到通过光伏扶贫不失为一种合适的办法。

金寨县光伏扶贫模式分为三种，第一种是建设分布式光伏电站。建设分布式光伏电站的目的是为了帮助"失能""弱能"的贫困户脱贫。第二种是建设村级集体光伏电站。建设村级集体光伏电站，是为了解决贫困村集体经济基础薄弱问题，试图以光伏产业带动村级集体经济的发展。第三种是建设集成式光伏扶贫电站。在金寨县 23 个乡镇选择 23 处相对集中安装地点安装。在各乡镇建设容纳 5 000 户、规模 15 兆瓦的光伏电站，集成式建设，产权归集体所有，发电收入精准、动态、可调整地分配给全县贫困户，全县除五保户外的贫困户均可享受光伏扶贫收益。

但是，金寨县光伏扶贫在实践过程中不可避免的出现了一些问题。一是贫困户资金短缺问题。金寨县在开展光伏扶贫项目时，对于分布式光伏电站和集成式光伏电站，贫困户需要在前期投入 8 000 元或 5 000 元的本金，这对于人均收入在国家贫困标准线 2 300 元以下的贫困户来说，往往难以负担。二是山区光伏设备维护成本高。金寨县地处大别山腹地，地貌以山地为主，全县森林覆盖率高达 75% 以上，平地面积有限。贫困户人数多、居住区域分散，往往分布在山地之间，离中心村庄、乡镇距离较远，不利于分布式光伏电站的建设，加剧了光伏电站后期维护的成本。而集成式光伏电站需要占用村里的大片空地或山地，这对于农业并不发达的金寨县来说，需要消耗大量的山地或平地资源，成本较高。三是国家财政资金补贴的难以持续性。国家电网以每度电 1 元的标准收购分布式光伏电站产生的电量，国家发展和改革委员会对分布式光伏发电实行按照全电量补贴的政策，电价补贴标准为每千瓦时 0.42 元，这意味着光伏项目开展越多，国家财政压力越大。因此，金寨县在发展光伏扶贫项目的同时采取其他扶贫手段，多方位、多渠道拓宽贫困户、贫困村收入来源，综合使用各种扶贫手段，使贫困户、贫困村真正脱贫。

首先，金寨县可以将光伏项目与多种元素结合，创新光伏扶贫模式。可以将光伏与农家乐、休闲观光旅游、种植和养殖等形式结合，打造多元化的光伏产业链，增加光伏产业附加值。根据贫困村特色，选择最适宜的光伏扶贫模式，促进村级农村产业发展，拓宽贫困户收入来源，缓解政府和国家财政压力。其次，金寨县可以通过正在建设的光伏项目，加快农村电网升级，改善农村电网质量，减少线路损耗，提高电的使用效率。对重点扶贫开发的贫困村加大电网升级改造力度，提高电网输电量，促进村级贫困户和贫困村增收。

🔍 案例分析

光伏扶贫作为国家重点推进的精准扶贫十大工程之一，在安徽省金寨县扶贫过程中发挥了极其重要的作用。金寨县把光伏扶贫分成三种模式：分布式光伏电站、村级集体光伏电站和集成式光伏扶贫电站。这样做的目的是因地制宜、有效覆盖。三种光伏扶贫模式运行过程中有效结合社会资本与国家资本，这种结合就有效地覆盖了贫困人群以及贫困村集体，同时，金寨县扶贫工作实时监测回馈效果，及时发现问题。针对贫困户前期资金短缺、光伏设备维护成本高等问题，提出具体解决方案。

 **案例二**

井冈山光伏脱贫

2017年2月26日，井冈山在全国率先宣布脱贫，成为我国贫困县退出机制建立后首个脱贫"摘帽"的贫困县（市）。脱贫摘帽一年以来，井冈山不忘初心，不止步、不懈怠，坚持脱贫不脱帮扶、摘帽不摘政策原则，找准科学有效的发展路径，脱贫攻坚成效稳固提升。井冈山始终牢记习总书记"井冈山要在脱贫攻坚中作示范、带好头"的殷切嘱托，紧紧抓住扶贫的关键点，推进"产业+"，确保贫困群众可持续增收，稳定脱贫。经实践证明，相对投资大、周期长、见效慢的种植、养殖等产业而言，"光伏扶贫"可以说是最为有效的脱贫产业，能真正为贫困群众带来"真金白银"。

光伏扶贫有四点优势，一是收益稳定。1个100千瓦光伏发电项目占地2亩，投资估算65万元，年均发电量10万度。按照当前全额上网模式的光伏发电项目上网电价0.85元/度核算，年均收益8.5万元。二是建设期短。1个100千瓦光伏发电项目，施工工期为半个月左右。三是见效很快。光伏电站并网接入就有发电收益。四是保障期长。光伏扶贫电站通常使用期为20年，有的长达25年或更长。

2017年井冈山市率先在坳里乡实施光伏扶贫项目试点，也是江西省第一批实施的光伏扶贫项目。引进市场主体——江西中电仪能分布式能源有限公司，总投资1 700余万元，建成总规模58.17亩、装机容量为2.5MWP的光伏发电扶贫基地，年收益可达300余万元，受益贫困户162户。具体做法主要有五方面。

一是集中全乡的力量。集中全乡人力、物力、财力全力推进项目建设，仅用一个多月时间，实现光伏发电项目从建设到并网发电。**二是实现"两个全覆盖"。**一方面，将全乡建档立卡贫困户捆绑入股光伏扶贫发电站，每户贫困户每年分红3 000元，持续20年，做到全覆盖、无缝隙，一对一精准扶贫，确保脱贫致富奔小康不落一户、不掉一人，实现全乡所有贫困户光伏扶贫产业分红全覆盖；另一方面，将4个行政村纳入电站受益方，每个村集体每年从股权收益中分红5万元，实现全乡所有村集体经济收入全覆盖。**三是变"输血式扶贫"为"造血式扶贫"。**充分利用本地太阳能资源丰富的优势，积极发展光伏扶贫工程，不仅让贫困户月月有收入、年年有经济来源，还解决了未来20年的经济发展问题，实现了"输血式扶贫"到"造血式扶贫"的转变。**四是创新"光伏+"扶贫模式。**全力打好"组合拳"，逐步形成"光伏+"的精准扶贫新模式。①大力推进"光伏+美丽乡村"。光伏扶贫项目拓宽了村级集体经济收入渠道，壮大了集体经济，有效解决了"空壳村"问题。村级集体经济的壮大，有助于村级公益事业及美丽乡村建设发展，巩固基层战斗堡垒，实现党组织向心力、乡村旅游、村风民俗"三个明显提升"。②稳步推进"光伏+就业"。依托光伏扶贫基地，引导贫困群众到基地务工，基地建成后，有2名贫困群众在基地做安保，最多的时候有50多个贫困群众在基地做工，获取劳务收入，实现"一人就业、全家脱贫"。③积极探索"光伏+产业"。将太阳能发电和现代农业种植两者高效结合，通过在光伏板下种植中草药、蔬菜、黑麦草，在基地周边种植奈李、黄桃等果树，实现农场变工厂、田间变车间，提高土地的单位产出率，增加农户收益。**五是稳定贫困户收益。**采取"公司+合作社+贫困户"模式，积极引导贫困户以土地、资金、劳务等方式入股光伏扶贫产业，实现资源变资产、资金变股金、农民变股东，贫困户轻松坐享土地租金、分红股金、务工佣金。家住坳里乡寨下村的唐芳廷，妻子早年去世，自身患有肢体残疾，儿子、儿媳缺乏技术，要负担三个小孩上学，生活非常拮据。光伏扶贫基地建成后，唐廷芳家除了每年光伏产业分红外，还给劳动力弱的唐芳廷提供了工作机会，在基地一个月可上 15～20 天的班，150 元一天，仅此一项，唐廷芳每月就增加近 1 000 元的收入，如今唐廷芳家的生活像芝麻开花一样——节节高。

井冈山高度重视光伏扶贫工作，拟新建光伏扶贫电站 110 个，总装机容量 11.8MWP，项目总投资概算 8 060 万元。全部建成后，纳入光伏扶贫的建档立卡贫困村和贫困户年均发电收益分红可达 882 万元。目前，井冈山正在推广可复制、可借鉴的"坳里模式"，已建成光伏扶贫电站 42 个，总装机容量 6.082MWP，累计完成投资 7 046.12 万元，主要来源于政府资金、社会资金、帮扶资金。

🔍 案例分析

在本案例中，首先要明确光伏扶贫的优势，即收益稳定、见效快、建设周期短、保障期长。同时也要明确光伏扶贫的劣势，即自然条件的限制、资本投入大、维护成本高。光伏扶贫要集中全部的人力、物力和财力。光伏扶贫要注意融资的渠道、融资的力度规模和持续性。本案例中融资渠道主要是政府资金、社会资金、帮扶资金，实际上还可以有其他渠道。最后要注意以光伏产业为主拓展其他产业，如"光伏 +"模式，形成多元产业结构，单一产业抗风险能力弱。脱贫致富要眼光长远。

 案例三

宁夏"闽宁模式"光伏扶贫

宁夏回族自治区银川市永宁县闽宁镇是由闽宁两省区共同

建设的一个东西扶贫协作示范工程。近年来，围绕精准脱贫，按照"一城两园"的发展战略，规划建设闽宁产业城和闽宁扶贫产业园，确定特色种植、特色养殖、光伏旅游、劳务"五大产业"，以产业为龙头，全力推进闽宁镇开发建设，强力推进产业扶贫，把"干沙滩变成金沙滩"。其中光伏扶贫在精准扶贫上效果显著，走出了"政府＋企业＋就业"的致富之路，其经验值得借鉴和推广。

从各地的实践来看，光伏精准扶贫主要有4种类型：一是户用光伏发电扶贫利用贫困户屋顶或院落空地建设的3~5千瓦的发电系统，产权和收益均归贫困户所有。二是村级光伏电站扶贫。以村集体为建设主体，利用村集体的土地建设100~300千瓦的小型电站，产权归村集体所有，收益由村集体、贫困户按比例分配，其中贫困户的收益占比在60%以上。三是光伏大棚扶贫。利用农业大棚等现代农业设施现有支架建设的光伏电站，产权归投资企业和贫困户共有。四是光伏地面电站扶贫。利用荒山荒坡建设10兆瓦以上的大型地面光伏电站，产权归投资企业所有，之后企业捐赠一部分股权，由当地政府将这部分股权收益分配给贫困户。闽宁镇的光伏扶贫属于后三者之上的创新形式。

首先是光伏大棚扶贫项目。宁夏光伏农业科技示范园坐落于宁夏银川市永宁县闽宁镇原隆村，由青岛昌盛日电太阳能科技有限公司承建，隶属于华盛绿能（宁夏）农业科技有限公司，成立于2014年9月20日。该园区占地1 245亩，装机容量30MW，建成农业设施大棚588栋，采用105WP、135WP、250WP、255WP高效多晶硅太阳能电池组件和500kW、25kW逆变器为主要发电设备，项目建成后采用"全额上网"模式，执行当地光伏电站标杆电价，总投资4.5亿元。自2015年6月以来，园区以农业设施大棚为依托，进行产业布局。经过一年努力，园区形成以花卉、茶叶种植产业为重点，以蚯蚓、蝎子特种养殖为亮点，以食用菌、有机蔬菜种植为抓手的产业布局。

其次是屋顶光伏扶贫项目。该项目首年发电量为750万千瓦时，发电收入约为675万元，电站年收益为576万元。项目建成后既解决了当地村民的用电问题，又能给当地村民带来可观的经济收入。该项目已向1 603户农户支付了300元/户的租赁费，共计48.09万元，并向原隆村老年饭桌捐赠现金1万元，向原隆村小学捐赠现金1万元。中科嘉业每年给付屋顶光伏分红资金75万元，分红持续20年共1 500万元，分红资金用于村集体经济收入和建档立卡贫困户发展使用。

最后是光伏小镇（电站）扶贫项目。闽宁镇振发光伏小镇由振发新能源集团实施，分为原隆村精准扶贫光伏项目"光伏＋养殖基地"项目、公共设施光伏项目、光伏产业园项目。原隆村精准扶贫光伏项目总规模20兆瓦，通过"企业担保＋扶贫户＋政府贴息"的模式建设2 000户光伏扶贫项目，由银川市扶贫办、银川市妇女联合会为扶贫户提供每户10万元妇女创业贴息贷款，用于扶持光伏扶贫项目。一期建设200套，总投资500万元。目前，已完成场平、道路硬化和停车场建设，生产管理用房正在建设中，200套10兆瓦光伏项目于2016年5月25日前并网发电。项目的实施保证扶贫户5年内每年收入不低于1万元，25年内总收入不低于20万元。二期投资2亿元，建设1 800套，届时原隆村将实现2 000户光伏扶贫项目全覆盖。该项目有效地带动建档立卡贫困户经济增收，减少本地区二氧化硫、二氧化碳及碳粉尘排放，增加再生能源比例，有助于本地区能源结构的改善和低碳环保型社会建设，探索出"政策引导、政府推动、市场化运作、银行护航、农户受益"的"原隆村光伏扶贫模式"，不仅解决了融资难的问题，也解决了项目20年运营期的维护和管理的问题，使项目的扶贫效益得到了保障，为"十三五"期间以村级光伏扶贫电站为主的光伏扶贫项目建设奠定了基础。

🔍 **案例分析**

　　"闽宁模式"是把光伏扶贫作为项目来运作的。每个项目都有清晰的思路和明确的操作路径。光伏大鹏是与区外科技企业合作，走"政府＋企业＋就业"的产业化道路。屋顶光伏利用分红资金进行扶贫。光伏小镇走"企业担保＋扶贫户＋政府贴息"的道路，同时培育"光伏＋"模式的产业。"闽宁模式"总的经验是"政策引导、政府推动、市场化运作、银行护航、农户受益"，解决了融资难的问题，解决了项目长期维护与管理的问题。

六、教育扶贫

　　教育扶贫就是通过在农村普及教育，使农民有机会得到他们所要的教育，通过提高思想道德意识和掌握先进的科技文化知识来实现征服自然界、改造并保护自然界的目的，同时以较高的质量生存。扶贫必扶智，让贫困地区的孩子们接受良好教育，是扶贫开发的重要任务，也是阻断贫困代际传递的重要途径。"治愚"和"扶智"，根本就是发展教育。相对于经济扶贫、政策扶贫、项目扶贫等，"教育扶贫"直指贫穷落后的根源，牵住了贫困地区脱贫致富的"牛鼻子"。

 **案例一**

云南省教育精准扶贫

治贫先治愚，扶贫先扶智。云南是全国脱贫攻坚的主战场，而教育脱贫承担着阻断贫困代际传递的光荣使命。云南省委、省政府高度重视教育脱贫攻坚工作，以推进县域义务教育发展基本均衡为抓手，明确提出了"贫困户脱贫"必须做到"就学有保障""贫困村出列"必须做到"适龄儿童有学上"和"贫困县摘帽"必须做到"实现县域义务教育发展基本均衡并通过国家认定"的创新性思路，使"义务教育有保障"落到了实处。

1. 案例背景

云南省地处中国西南边陲，集边疆、民族、山区、贫困于一体，教育基础相对薄弱。全省共有 88 个贫困县，建档立卡贫困人口 118 万户 447 万人，其中有在校生 99 万多人，占贫困人口总数的 22.32%。贫困面大，贫困程度深，集中连片特困地区特别是深度贫困地区是目前制约云南省教育发展的短板和洼地。这些地区的教育普及水平低、基础薄弱、办学条件差、质量不高，一定程度上拉低了云南省教育发展的整体水平。

《教育脱贫攻坚"十三五"规划》明确提出的工作目标是：发展学前教育巩固提高义务教育，普及高中阶段教育。到 2020 年，贫困地区教育总体发展水平显著提升，实现建档立卡等贫困人口教育基本公共服务全覆盖，确保每一个适龄儿童和少年均接受九年义务教育；保障各教育阶段从入学到毕业的全程全部资助，保障贫困家庭孩子都可以上学，不让一个学生因家庭困难而失学；从目标上看，全力落实义务教育有保障是脱贫攻坚全局工作的重中之重。《云南省贫困退出考核实施细则》明确了贫困县只有满足了教育发展"达到国家义务教有发展基本均衡评估验收标准，义务教育阶段学生辍学率在国家规定范围内"的条件，贫困县的脱贫摘帽才有可能。

2. 主要做法及工作成效

（1）落实主体责任，建立完善教育扶贫政策体系。成立云南省委高校工委、省教育厅教育脱贫攻坚工作领导小组，由厅长担任组长、分管副厅长担任办公室主任，任命三名专职副主任具体负责，稳步推进教育脱贫攻坚工作。印发了《云南省加强教育精准扶贫行动计划》《教育精准扶贫责任清单》。《云南省建档立卡贫困户学生精准资助实施方案》《云南省普通高中建档立卡贫困户学生生活补助实施方案》等系列扶贫政策，聚焦"义务教育有保障"、发挥职业教育扶贫直接效能、强化落实"控辍保学"等内容，明确了云南省各州、市、县教育局职责清单。

（2）扎实推进县域义务教育发展基本均衡评估验收。云南省人民政府先后多次对义务教育均衡发展作出安排部署，召开现场推进会，与各州、市签订了责任状，建立了全省义务教育均衡发展"一把手"负责制和"义务教育均衡发展联席会议"制度，实行义务教育均衡发展与脱贫摘帽"同步规划、同步实施、同步考核"，强化激励问责机制。实施学校标准化建设工程、教师队伍建设工程，学生关爱工程、义务教育教学质量提高工程、义务教育学校现代管理工程。坚持比贫困摘帽适度超前或同步谋划县域义务教育基本均衡，把影响贫困县摘帽，贫困村、贫困户退出的关键考核指标和分值都集中在义务教育有保障上，目前云南省88个贫困县中已有22个县通过国家基本均衡认定，2017年迎接国家基本均衡验收的贫困县有35个，目前省级督导评估基本完成并上报国务院教育督导委员会。2018年有22个贫困县、2019年有9个贫困县将迎接国家基本均衡验收。

（3）进一步全面改善贫困地区义务教育薄弱学校基本办学条件工作。省委、省政府高度重视"全面改薄"中县级配套资金问题，实现贫困县零配套。截至2017年9月底，云南省"全面改薄"项目已开工面积1 357.48万平方米，占五年规划总面积98.64%，西部排名第一，全国排名第9；竣工面积1 216.8万平方米，占五年规划总面积88.42%，西部排名第一，全国排名第7。中央要求确保到2017年底完成校舍建设和设备采购任务"超七成"的工作目标提前完成。建立了针对88个贫困县和27个拟定的深度贫困县"全面改薄"工作台账。88个贫困县"全面改薄"五年规划校舍建设面积1 151.47万平方米，其中开工面积1 035.28万平方米，开工率为90%；竣工面积891.02万平方米，竣工率为77.38%；设施设备规划采购价值44.9亿元，已完成采购价值33.36亿元，购置完成率为74.3%。27个深度贫困县"全面改薄"五年规划校舍建设面积474.5万平方米，其中开工面积360.71万平方米，开工率为76%；竣工面积312.36万平方米，竣工率为65.83%；设施设备规划采购价值20.78亿元，已完成1.69亿元，购置完成率为56.26%。

（4）聚力攻坚控辍保学各项工作。把控辍保学作为巩固提高义务教育发展水平和教育精准扶贫的关键，以"不让一个学生失学"为目标，持续加大控辍保学工作力度。今年以来，云南省人大牵头组织开展了义务教育法实施情况专项检查，教育系统实行了129个县九年义务教育巩固率、初中辍学率、初中完学率情况通报制度，印发了《做好2017—2018学年度义务教育精准控辍保学工作》的通知，建立了未入学适龄儿童少年和辍学学生分类安置机制。据控辍保学月报情况来看，相关指标均控制在国家规定范围内。各地还着力压实县、乡人民政府和建档立卡帮扶责任人、驻村扶贫工作队员责任，建立县长、乡镇长、村长和教育局长、中心学校校长（中学校长）、校长"双线""六长"控辍保学责任体系。如怒江州兰坪县建立依法控辍"七步曲"：第一步，做实法律法规宣传教育，让家长或监护人意识到"不送子女接受义务教育违法并要承担法律责任；第二步，乡镇人民政府向本区域内适龄儿童少年的父母或法定监护人发放入学通知书，精准组织入学；第三步，对未按时入学和辍学的适龄儿童少年，学校和乡镇人民政府要上门动员劝返（不少于2次）；第四步，通过2次以上动员劝返仍然未入学复学的适龄儿童少年，由乡镇人民政府向其父母或法定监护人送达《敦返入学复学通知书》；第五步，在敦促通知书规定时间内仍然未送子女复学的，由乡镇人民政府向其父母或法定监护人送达《行政处罚决定书》；第六步，在行政处罚决定规定时间内仍然未入学复学的适龄儿童少年，由乡镇司法所向其父母或法定监护人送达《辍学违法行为告知书》，责令其停止违法行为限期改正；第七步，如到期未矫正违法行为，将由乡镇人民政府和司法所对其父母或法定监护人向县人民法院提起诉讼。目前，兰坪县共发放司法文书39份，30名辍学学生返校复学。

（5）构建从学前教育到高等教育资助全覆盖体系。一是印发实施《云南省建档立卡贫困户学生精准资助实施方案》和《云南省普通高中阶段建档立卡贫困户学生生活补助实施方案》。义务教育阶段全面落实"两免一补"，实施农村义务教育学生营养改善计划和寄宿生生活补助两个"全覆盖"，免除学杂费，免费提供教科书，建档立卡贫困家庭学生按每生每年800元标准给予营养改善计划补助，并按小学每生每年1 000元，初中每生每年1 250元标准补助生活费。二是积极协调社会力量捐资助学救助贫困学生，确保家庭经济困难学生不因贫困而失学。截至 2017 年 9 月，云南省落实各级各类学生资助资金 15 103 亿元惠及学生 1 045 万人次，2017 年春季学期共下达 1 038 亿元资金资助建档立卡贫困家庭学生 890 474 人，正在依据贫困对象动态调整结果作分析比对、查缺补漏、及时跟进并精准落实秋季学期建档立卡贫困家庭学生资助政策。三是稳步实施 14 年免费教育。已面向迪庆、怒江全州范围和昭通镇雄县、良县、威信县建档立卡贫困户家庭经济困难学生下达资助资金 10.014 万元，资助学生 46 084 人次。

（6）进一步抓好乡村教师队伍建设。紧紧围绕贫困地区农村义务教育教师下得去、留得住、教得好"这一关键问题精准施策，确保每年有 15% 的优秀校长和 10% 的骨干教师在城乡学校之间、优质学校与薄弱学校之间交流轮岗，年底实现集中连片特困地区乡村教师生活补助差别化政策县、乡村学校、乡村教师"三个全覆盖"；认真落实云南省委编办、云南省人社厅联合出台的《关于全省中小学统一编制标准和创新管理的若干意见》（云编〔2017〕31 号）有关要求对学生规模在 200 人以下的村小学、教学点，原则上按照不低于 1∶2 的班级与教职工比例核定教职工编制。落实推进乡村教师生活补贴"500+X"差异化政策，2016 年底实施县（市、区）比例达 72%，多村学校覆盖比例达 9%，乡村教师覆盖比例达 80%。2017 年内力争实现县、乡村学校、乡村教师三个"全覆盖"。启动实施公费师范生教育，省财政 2017 年预算 300 万元，征集并确定年度培养计划 356 人，其中小学全科教师 212 人，初中一专多能教师 144 人。下达 2016 年"特岗计划"招聘指标 5 233 人（实际招 4 987 人，到岗 473 人，2017 年下达指标 4 603 人）。"国计划"2016 年共培训 127 351 人、2017 年计划培训人数不低于 2016 年，"省计划"2016 年共培训 20 906 人、2017 年共培训 20 701 人。

案例分析

　　本案例中，我们可以看到云南省委、省政府高度重视教育脱贫攻坚工作，通过落实主体责任，建立完善教育扶贫政策体系；全面改善贫困地区义务教育薄弱学校基本办学条件；构建从学前教育到高等教育资助全覆盖体系；抓好乡村教师队伍建设等方面，大力推进教育扶贫工作。以推进县域义务教育发展基本均衡为抓手，明确提出了"贫困户脱贫"必须做到"就学有保障""贫困村出列"，必须做到"适龄儿童有学上"和"贫困县摘帽"，必须做到"实现县域义务教育发展基本均衡并通过国家认定"的创新性思路，使"义务教育有保障"落到了实处。

 案例二

四川凉山州教育扶贫

　　凉山彝区作为精准扶贫重点领域，大力发展区学前教育，凉山州通过实施"一村一幼"计划，从源头上打破贫困"积累循环效应"，从根本上阻断贫困的代际传递，让彝区孩子在同一起跑线上共同奔跑。

　　为了加强学前教育建设，安排资金 11 040 万元，在凉山州 10 县、2 300 个行政村选聘汉语辅导员 4 600 人；安排资金 1 372.8 万元，乐山市 2 县 1 区 286 个行政村选聘汉语辅导员 572 个，加强幼儿学前教育。多次组织人员赴大小凉山彝区村级幼教点，对"一村一幼"工作开展情况、学前教育汉语辅导员到岗情况进行督查。截至 2017 年 6 月底，大小凉山彝区 13 县已开办幼教点 1 857 个（凉山 10 县 1 677 个，乐山 2 县 1 区 180

个），选聘辅导员 4 500 名（凉山 10 县 4 170 名，乐山 2 县 1 区 330 名），招收幼儿 762 万余人（凉山 10 县 7.12 万人，乐山 2 县 1 区 0.5 万人），接受学前教育的幼儿同比净增 1.16 万人，为从源头上打破贫困"积累循环效应"，从根本上阻断贫困代际传递打下坚实基础。

大力加强贫困地区职业教育发展，帮助民族地区群众拓展就业途径，提高就业层次。**一是指导各地各校做好"9+3"学生教育管理工作。**下发《做好 2016 年寒假期间"9+3"工作的通知》《关于做好 2016 年"9+3"暑期工作的通知》《做好 2016 年春季学期"9+3"学校开学工作的通知》，并组织力量对所有"9+3"学校开学工作情况进行检查。督导处置突发事件，确保全省上半年"9+3"工作平稳推进。**二是做好"9+3"招生工作。**4 月前，结合大小凉山彝区人才和专业需求，优化调整内地"9+3"招生学校和专业，编制并下达 2016 年大小凉山彝区"9+3"招生计划。2016 年共计 34 所学校 46 个专业面向彝区招生 5 000 人，其中凉山州 10 县 4 200 人，乐山市 2 县 1 区 800 人。5 月前，编印《"9+3"招生指南》并投递到 13 县（区）应届初中毕业生，保证人手一册。4 月至 5 月组织内地教育部门和学校组成招生宣传组深入 13 县（区）集中开展招生宣传。拟在 7 月底开展正式录取工作，并视情况进行补录。三是做好"9+3"经费拨付工作。配合财政厅做好"9+3"省财政补助经费决算工作。

抓好高中助学金和中职助学金受助学生审核、评定工作，确保所有家庭经济困难学生都能及时获得国家资助。做好学生资助信息系统高中子系统和中职子系统信息统计、录入和审核工作，确保数据真实、准确。加强对大小凉山彝区高中和中职资助工作的监督检查力度，督促相关市（州）、区县及时、足额下达配套资金。截至 6 月底已下达普通高中助学金 13 111 万元，资助普通高中学生 9 141 人；已下达中职免学费和助学金 1 080

万元，免除 3 615 名中职学校学生学费并为所有符合条件的中职学生提供国家助学金。

2016 年 2 月会同省财政厅下发《四川省财政厅四川省教育厅关于支持民族自治地区实施十五年免费教育的通知》，明确政策内容，下拨省级补助资金 2.7 亿元。3 月，下发《四川省教育厅关于做好民族自治地方十五年免费教育的通知》，从教育事业发展、教师队伍建设、教育作息化建设等方面对民族自治地方教育系统做好十五年免费教育工作提出具体要求，督促指导有关州、市做好十五年免费教育相关工作，确保政策全面落地。投入省级资金 10 510.42 万元，支持凉山州、乐山市马边县和峨边县在实行九年免费义务教育的基础上，从 2016 年春季学期起，全面免除公办幼儿园三年保教费和公办普通高中三年学费，并为所有普通高中在校学生免费提供教科书。经教育部门批准设立的民办幼儿园和民办普通高中参照公办学校政策执行。

案例分析

习近平总书记指出，脱贫致富贵在立志，只要有志气、有信心就没有迈不过去的坎。而扶贫必扶智，摆脱贫困需要智慧，培养智慧教育是根本，教育是拔穷根、阻止贫困代际传递的重要途径。把贫困地区孩子培养出来，这才是根本的扶贫之策。针对凉山彝区精准扶贫重点领域，大力发展彝区学前教育，通过实施"一村一幼"计划，从源头上打破贫困"积累循环效应"，从根本上阻断贫困的代际传递，让彝区孩子与城里的孩子在同一起跑线上共同奔跑。凉山州启动实施"一村一幼"工作无疑为凉山彝区从源头上打破贫困"积累循环效应"，从根本上阻断贫困代际传递，为彝区农村孩子成长成才奠定了坚实基础。

案例三

新疆叶城县萨依巴格乡教育精准扶贫

萨依巴格乡是一个典型的南疆贫困乡，四季干旱，风沙暴烈，是新疆维吾尔自治区扶贫开发重点乡，距离叶城县 15 千米，全乡辖 21 个行政村，91 个村民小组，人口 19 091 人，村民 98％以上为维吾尔族，宗教氛围浓厚。村民收入以核桃产业为主，核桃产业是村民的支柱产业，收成受自然气候影响较大。

2014 年前，全乡贫困发生率达 80％左右，其中致贫原因除自然条件因素外，愚昧、传统观念以及宗教原因等也是贫困的主要因素。以萨依巴格乡巴什托格拉勒村为例，全村没有小学和中学，有 3 座清真寺，学生需到乡里上学。村民 100％为维吾尔族，不会汉语，全部以维语交流，宗教氛围浓，环境封闭，思想较为保守，85的村民接近文盲。

中央高度重视新疆工作，将"依法治疆、团结稳疆、长期建疆"作为治疆方略，将"社会稳定和长治久安"作为新疆工作的总目标。自治区党委为落实中央的要求，从 2014 年起，在全疆开展"访惠聚"活动，即分期分批派机关干部到全疆各村和社区，集中进行"访民情、惠民生、聚民心"工作。

2016 年，巴什托格拉勒驻村工作队积极争取外援，呼吁全国各地爱心人士支持学校建设，募集了近百台计算机，联合国家民委民族团结杂志社，于 2016 年 7 月 5 日在村里创建了全疆第一所"民族团结学校"。这所公益性的培训学校从村民的实际需要出发，以工作队成员为教员，利用农闲时间或周末，在大力宣传党的民族宗教政策以及民族区域自治法、自治区民族团结进步工作条例、自治区宗教事务条例等法律法规的同时，系统地传授双语、法律、科技、卫生等方面的知识和技能。工作队自编教材，从培训村"两委"干部和村警务室人员入手，让他们们学习汉语；再培训村民，主要是青少年，使村民提高与外界沟通的能力。这一举动为村民出售当地农产品（主要是核桃），去除宗教极端化等，都有十分重要的意义，对于村民而言，不仅有利于"富口袋"，更有利于"富脑袋"，为他们转变观念，增强内生动力，走上全面小康之路，成为具有现代意识的新疆人提供动能。

治贫先治愚，扶贫先扶智，"治愚"和"扶智"的根本手段是发展教育。驻村工作组将学校作为民族团结的平台和精准扶贫的载体，为彻底解决当地的贫困问题，从教育入手，利用募集的计算机，成立一所公益性的计算机培训学校，由驻村工作队员担任培训教师，为本村及周边的学生进行零基础计算机应用及操作培训，得到全乡中小学生的热烈欢迎。2016年7月至12月，计算机培训学校已完成了6期、每期30人的培训，作为叶城县第一所村办计算机培训学校，打破了村长年封闭的局面，让全村及周边的孩子第一次接触计算机，也为孩子们掌握信息技术，学习现代科学知识，去除宗教极端化等，了解外面的世界提供了平台。

为推进双语教育，2016年新疆发布了《南疆双语教育质量提升行动计划（2016—2020）》《关于积极推进双语教育工作的意见》《关于大力推进南疆地区双语教育的实施方案》《新疆双语现代远程教育建设计划（2016—2020）》等，为促进南疆边远地区开展双语教育提供政策支持。到2016年底，新疆新建双语幼儿园637所，其中35个贫困县新建幼儿园364所，投入经费约6.4亿元；落实农村学前双语教育保障经费9.94亿元，其中35个贫困县4.96亿元；完成南疆四地州乡村教师教学信息化和应用能力培训工作，培训教师12万人，启动"一师一优课、一课一名师"活动。30所中小学双语教育信息化建设工作正在进行中，完成新疆基础教育信息化监管运维平台二期项目技术论证。启动南疆学前双语教育支教计划，11 月 10 日有首批 3 000名支教教师赴南疆四地州农村幼儿园开展支教工作。2016 年萨依巴格乡 21 所幼儿园全部实现双语教育，为实现永久脱贫夯实坚实的根基。

目前萨依巴格乡有 1 所中学，5 所小学，新建幼儿园 21 所。巴什托格拉勒村有学前儿童 46 名，新建幼儿园 1 所，中小学生264 名，全部接受学校教育；全村 278 户、1 217 人，其中建档立卡贫困户 75 户，共计 244 人，贫困率下降到 27%。

案例分析

随着中央"精准扶贫"战略的实施，新疆自治区"访惠聚"（访民情，惠民生，聚民心）活动的开展，以及新疆教育厅组织实施的自治区教育扶贫专项行动，萨依巴格乡巴什托格拉勒村在"访惠聚"驻村工作的帮助下，通过创办民族团结学校、开展双语教育、剩余劳动力转培训、结对帮扶等方式，帮助村民转变思想观念，从思想上脱贫，取得显著成效，为精准扶贫、全面脱贫打好基础。他们以"民族团结学校"为载体，经过一年的努力，使该村达到了脱贫标准，摘掉了贫困帽子，成为教育扶贫的典型案例。

七、旅游扶贫

旅游精准扶贫是区域通过旅游产业发展实现精准扶贫的一种策略和手段，是精准扶贫理念在旅游扶贫领域的具体应用，即针对不同贫困地区的旅游扶贫开发条件、不同贫困人口的状况，运用科学有效的程序和方法对旅游扶贫目标对象进行精准识别、精准帮扶和精准管理，以实现旅游扶贫"扶真贫"和"真扶贫"目标的扶贫方式。

 **案例一**

广东对口援藏旅游扶贫

近年来，建设鲁朗国际旅游小镇是广东省开展旅游扶贫的一项重头戏。以扶贫而言，鲁朗国际旅游小镇提供了产业扶贫、旅游扶贫的典型案例，映射出中国扶贫开发战略的几个趋势。

鲁朗有着丰富的世界顶级自然生态资源和深厚的藏地人文历史，深受国内外游客的青睐，也为发展休闲度假旅游奠定了基础。但是鲁朗基础设施薄弱、城镇配套不足等问题，制约了休闲旅游业的发展。解决上述问题，需要大量的资金投入。鉴于西藏地区的实际情况，从政府到民间都没有完成自然生态、人文地理等资源转化为旅游产业的经济实力。要实现这个转化，就要借助外部资本的投入和开发。国家在东西部扶贫协作和对口支援的大战略下，鲁朗迎来了开发的历史机遇。

鲁朗国际旅游小镇的建设凸显全方位扶贫力量的投入。广东通过政府资金的撬动，引导保利、恒大、珠江投资、广中旅、广药集团等全国知名企业参与鲁朗小镇的开发。据资料显示，广东用 10.1 亿元的援藏资金带来了 30 多亿元的总投资。随着旅游基础设施的不断完善、公共服务的不断投入，优势资源得到开发、产业得以振兴，有效地改善了西藏贫困地区交通、教育、医疗、文化等公共基础设施的面貌，民生也得到了极大改善。

鲁朗小镇是林芝旅游的重要核心，通过小镇的建设，不仅带动了周边乡村旅游的发展，更是打造了以小镇为中心的藏东南精品旅游线路，强化了林芝生态旅游产业体系建设。鲁朗小镇定位于高端休闲度假旅游，不仅仅是林芝旅游业的补充，更将大力推动林芝旅游业的转型。在林芝的旅游发展规划中，将以山水风情、文化体验为两大支撑，以生态旅游季为载体，构筑森林、雪山、冰川、峡谷、乡村、花、秘境、宗教、文化九大生态旅游特色产品体系。而鲁朗小镇是未来林芝旅游发展的重要支点。

近年来，林芝大力进行区域特色旅游品牌建设，推动林芝旅游的迅速发展。而广东对于林芝特色文化、乡村旅游、藏医藏药、民族手工业的扶持，以及对异贡茶厂的帮扶、对鲁朗的小镇的援建等，都是林芝特色旅游品牌建设的重要内容。值得一提的是，三四月都是林芝桃花开得最繁盛的时侯，浪漫的桃花景观吸引很多游客到来。林芝近年来在桃花上大做文章，每年3月下旬举办林芝桃花文化旅游节活动，不仅成为林芝旅游的重要品牌，更在每年带动了西藏旅游旺季的到来。

2016年10月，通过爱心企业捐助，设立了鲁朗旅游扶贫基金300万元，基金主要用于鲁朗当地藏族同胞改善生活环境和提升藏家乐。当地村民通过申请旅游扶贫基金，可修缮家庭旅馆，提升家庭旅馆的硬软件设施，打造富有特色与格调的藏式民宿，提高家庭旅馆档次，满足游客需求，提高旅游收入。

鲁朗国际旅游小镇从建设到运营，至少为当地群众提供了2 500个就业岗位。因而鲁朗国际旅游小镇的旅游扶贫，其更长远的价值还在于，创造了大量的就业机会，提升了当地村民的就业技能。随着鲁朗国际旅游小镇的建设和运营，极大带动了相关服务业的发展，带动了贫困人口的脱贫。而从旅游产业角度看，小镇成为一个旅游目的地，对周边乡村旅游发展将产生巨大的辐射作用。

旅游扶贫具有带动面大，三次产业融合发展，可持续扶贫的特点。特别是边疆民族地区，多为老少边穷但又兼具秀美风光与民族文化资源丰富的特点。因此，推进精准扶贫、精准脱贫，旅游扶贫大有可为。在推进旅游扶贫中应该尊重保护自然生态与少数民族文化，广东省对林芝鲁朗小镇旅游扶贫的探索非常有推广价值。

案例分析

　　在建设鲁朗国际旅游小镇的过程中，扶贫工作注意结合当地特有的自然和人文资源，为贫困地区在全国文化旅游产业链中找到价值点，并以专业的资本、人才、设计、建设和运营管理为驱动，对原有产业进行重塑，推动鲁朗和林芝的文化旅游价值的提升和变现。大力促进生态旅游产业发展，推动构建"公司＋基地＋农户＋网络"的乡村旅游新模式。这种专业的"造血式"扶贫，将带动贫困地区人口就业，为产业结构完善、升级提供动力，把扶贫从解决燃眉之急变成帮助地方自己脱贫，是更可持续的扶贫模式。

案例二

河北涞水县旅游精准扶贫

　　燕山—太行山片区环绕京津地区，区域面积为 9.3 万平方千米，涉及人口 1 097.5 万人，人均地区生产总值为 11 914.8 元。包含河北省、陕西省、内蒙古自治区的 33 个县，贫困村 4 343 个，贫困人口 2 395 345 人，片区贫困发生率为 24.4%，比全国平均水平高 11.7 个百分点，是国家新一轮扶贫攻坚重要地区之一。特别是保定市涞水县，自 2012 年被省政府确定为环首都扶贫攻坚示范区县以来，通过野三坡景区建设，带动了周边 2 个镇 20 多个村庄，发展宾馆 600 多个、农家乐 300 多个，吸纳就业 2 万多人，成为旅游精准扶贫的"样本"。2013 年涞水县完成地区生产总值 49.41 亿元，同比 2012 年增长 9.2%。近年来，围绕野三坡景区，该县在旅游产业上实施科学、精准的扶贫项目，累计投资 7.5 亿元，游客数量以每年 30% 的速度增长，该县在 38 个贫困村中选定 30 个村为旅游扶贫村，实施旅游扶贫项目建设。

研究表明，在开发条件层面，涞水县有丰富的旅游资源、优越的旅游交通区位条件、潜力巨大的旅游消费市场、良好的产业发展环境和基础以及加快旅游发展的强烈愿望。旅游资源方面，涞水县自然旅游资源和人文旅游资源都较为丰富，主要集中在野三坡景区且野三坡风景名胜区在 2011 年被评为国家 5A 级景区。从丰度上来讲，涵盖《旅游资源评价标准》中门类的 95%。在交通区位方面，涞水县的交通极为便利，已形成以铁路、公路为主要运输方式的综合交通运输网，干支衔接，四通八达，日益趋于协调和发展。在市场条件上，仅北京一个超大城市的人口超过 2 000 万人，再加上天津、河北、内蒙古等其他大中城市，潜在旅游客源超过 5 000 万人次，加上国内沿海和经济发达地区的旅游客源市场，使河北涞水县的旅游客源市场潜力巨大。

旅游开发项目上，涞水县所采取的方式主要为"自下而上"。如南裕村和松树口，都是在驻村干部帮扶下，充分调研民意，并结合村民的参与度确定下来的。"自下而上"确认的项目，项目的适应性强，益贫效果好。在适应性上，由于是村民综合考虑资源基础、投资能力、技术水平、土地资本等现实状况所认可的项目，因此所需资源的外部依赖程度低，能更好地适应当地的发展需求，且可持续强。在益贫性上，对于经济效益和非经济效益，都有突出贡献。经济效益方面，南裕村实施旅游精准扶贫的三年来，贫困人口脱贫率超过 50%，有效带动了村民收入的增加。据统计，2015 年底，南裕村有 90 户基本脱贫，贫困人口比例降到 39%，整个涞水县旅游精准扶贫方面的经济收益也较明显。在非经济收益方面，农家院和观光农业的培训每户都有参与，提高了当地居民的旅游服务技能。

目标人群层面上，涞水县的旅游扶贫对象不局限于贫困村的贫困人口，对于已经发展得较好的非贫困村的贫困人口，也给予了较大关注。涞水县在旅游精准扶贫中并没有忽略发展较好的村落，对于这些非贫困村的贫困人口，也提供了较多帮扶措施。除此之外，还有部分村里的贫困人口，由于不在贫困村，享受不到其他扶贫优惠政策，仍然生活艰难。对于这些贫困人口，在各庄村实施"一户一策"的帮扶策略，也将其纳入帮扶的目标人群中。

案例分析

　　本案例中，扶贫工作从三大方面着手，开发条件、项目开发方式和目标人群，并相应地做出完备细致的规划和策略，效果良好，为其他县域旅游精准扶贫提供了可以借鉴的经验，具有重要的现实价值。旅游精准扶贫应坚持因地制宜、全员参与、科学开发和重点推进等原则，使贫困地区脱贫致富和旅游资源科学开发有机结合，探讨建立符合贫困地区实际的旅游精准扶贫开发模式，从而使旅游业实实在在地为推动我国贫困地区经济、社会、环境协调发展做出贡献。

 案例三

山西方山县旅游精准扶贫

方山县位于山西省西部，吕梁山西麓腹地，属国家贫困开发重点县，总人口 14.7 万人，其中农业人口 11.7 万人，贫困人口 37 295 人，方山县特定的地理位置和气候条件，悠久的历史和地域文化，造就了其山清水秀、林草丰茂的自然美景，同时也造就了其文化内涵深厚的人文景观。全县遍布着自然景观、人文景观、历史遗产、名人故里等优良的旅游资源，有着国家4A级风景名胜区北武当山，国家自然保护区庞阳沟、省级风景名胜区南阳沟休闲度假风景区、清代张家塔民居和"天下廉政第一"于成龙故里等23处禀赋优良的旅游景点，如此丰富的旅游资源为本地区旅游业的发展造就了得天独厚的优势条件。

旅游品牌是旅游产业发展的核心竞争力，方山县要充分发挥其资源优势，整合其优良的旅游资源，深挖资源背后的深刻文化内涵，培育一批特色鲜明、内涵丰富的旅游景点，突出本地独特性，打造本地旅游业的亮点，树立方山旅游业响亮品牌。逐步形成"问道北武当，养生南阳沟；学习于成龙，写生张家塔；左国城里话匈奴，戏水娱乐北川河"的旅游格局。

针对方山县的核心旅游品牌、旅游形象和特色产品，在广告、广播等传统媒体营销的基础上，加强新媒体营销以及事件活动等公共营销的力度。通过电视广告品牌宣传，达到方山县整体旅游形象营销目的。

通过广播节目推广产品，选择目标市场的交通台和生活类电台为主要传播媒介，大力宣传本地旅游。新媒体精准营销，一是PC端搜索推广，与其他各类旅游网站、手机APP、社交账号等紧密对接，帮助各区县旅游网站有效导流；借助合作网站扩大营销，与各大平台网站合作宣传品牌；与蚂蜂窝、途牛旅游网、同程网等各大旅游网站合作组织活动促销产品。二是手机端互动分享，主要路径包括：微信推送，微博分享，微电影推广等。同时要针对旅游市场，充分利用节庆活动、重大赛事、焦点新闻、影视作品等公共营销手段推广方山县旅游形象。

要不断加强方山县与国内知名旅行社的合作，依托旅行社的力量，组织客源前来观光游玩，加强与周边县市以及山西省内知名景区的全方位合作，实现互利共赢。努力打造具有本地特色的精品旅游线路。要借助旅行社推介，将方山县特色农产品沙棘、酒和醋、美食碗托、莜面栲栳栳等推介给游客，将方山县的旅游形象和特色产品联合营销，不断丰富本地区的旅游内涵，使游客不仅看得见风景，更能摸得着生活，能够体验本地浓厚的风土人情、民风民俗，提升本地旅游产业的综合性收入。

加强本地区旅游基础设施建设，建设本地区的游客集散中心体系。大力发展"智慧旅游"，推进智能 OA 管理系统、旅游景区智能管理系统、旅行社智能管理系统、饭店智能管理系统、旅游超市系统、智能行程规划系统、智能信息管理系统、旅游目的地展示营销系统、旅游产业分销系统建设。改善交通条件，推进重要交通干线廉洁景区的道路建设。实现机场、车站到主要景区的交通无缝衔接。打通连接各大景点的循环路，使分散旅游资源得到有效聚合，将各大景点串珠成链，发挥其整体集聚效应。大力提升本地区旅游接待能力，大力支持周边村发展特色农家乐，建设一批服务质量好、档次高的星级宾馆、娱乐产业，满足商务、团体、家庭度假等各种类型游客的接待。提升旅游景区的商业化程度，开发特色旅游产品，建设一批大型高档购物街，在景区景点、宾馆饭店、游客检中心等建立农副产品销售专区。

🔍 案例分析

方山县丰富的旅游资源为本地区旅游业的发展造就了得天独厚的优势条件。基于优势条件，扶贫工作进行全方位立体开发，形成自然与人文、休闲与养生相辅相成的旅游格局。注重打造旅游核心品牌和特色产品。围绕核心品牌和特色产品，利用各种渠道和现代传媒大力进行市场推广。尤其值得一提的是，扶贫工作在旅游管理和旅游服务上，引进人工智能系统，这是非常具有前瞻性的。随着城市生活和工作压力的加大，越来越多的游客向往那种生态优良、环境优美、充斥着浓厚乡土气息的地方来放松身心、陶冶情操、愉悦生活。扶贫工作要鼓励和支持本地区开展地方特色的民俗义演、节事节庆、农事体验活动。让游客体验到本地区原汁原味的乡土人情。引导本地农民以土地经营权入股、联营等形式，与合作社、企业等共同合作，带动贫困人口的增收，实现脱贫致富的目标。

八、文化扶贫

文化扶贫是指从文化和精神层面上给予贫困地区以帮助，从而提高当地人民素质，尽快摆脱贫困。传统的扶贫主要是从经济物质上进行辅助，而贫困地区要改变贫穷落后的面貌，既要从经济上加强扶持，更需要加强智力开发。扶贫不仅要扶物质，也要扶精神、扶智力、扶文化。

 案例一

马嵬驿民俗文化村

1. 基本情况

马嵬驿民俗文化村（马嵬驿民俗文化体验园）位于兴平马嵬办事处李家坡村。依托黄山宫独特的历史资源顺势而建，将现代生活与历史文化完美结合，为马嵬构筑起一道美丽的风景线。项目总投资 5 180 万元，流转土地 600 亩，以古驿站文化为核心，集文化旅游、民俗文化展示、休闲体验、旅游观光为

一体，马嵬驿民俗文化村是陕西乡村旅游的一个新面孔。未建景区之前，这里曾经是一片荒无人烟、人迹罕见的黄土沟壑。景区一期工程于2013年10月1日建成后正式对外开放。2014年"五一"小长假，马嵬驿接待人数超过26万人次，2014年"十一"黄金周，马嵬驿接待游客达110万人次，创省内旅游景区最大接待量。

马嵬驿景区总占地233亩，是一个集马嵬古驿站文化展示、文化交流、原生态餐饮、民俗文化体验、休闲娱乐、生态观光于一体的新概念园区。园区建筑借助自然地势错落有致、古朴素雅，建设有4条民居古街：民俗作坊街、民俗小吃街、民俗文化展示街、大唐文化街。有马嵬驿文化广场、百果园、雕塑艺术馆、驿栅城、珍禽园、垂钓园、茶楼、戏楼、农具展示馆、城门楼观景台、娱乐园、祈福殿等12个配套景点。站在黄土塬上向下望，一条古朴的街巷顺着由高到低的沟自然延展，青砖灰瓦的房屋和各色迎风飘舞的旌旗招牌，还有夹杂食物香味的蒸气袅袅升腾，一幅热闹而温暖的现代"清明上河图"豁然出现在眼前。

2. 主要做法

（1）就地取材，点石成金。2011年，兴平市政府整合全市旅游资源进行整体规划，在这个规划里，以杨贵妃墓为核心，连接黄山宫和马驿共同形成一个大景区，而那时的马嵬驿所在地还仅仅是当地李家坡村在几十年前整体搬迁后剩下的一片了无人烟的废弃地。

马嵬驿与黄山宫紧密相连，黄山宫与杨贵妃墓又相隔不足1千米，当时兴平市政府的规划初衷是以杨贵妃墓的大唐文化、黄山宫的道教文化带动马嵬驿的民俗文化，2012年9月28日，马嵬驿景区动工建设，景区合理利用这一带自然的台塬地势、沟壑地形和李家坡原来的旧窑洞院落，改造建设为一处极具关中民俗文化特色的旅游景区。

在兴平市委、市政府的大力支持下，马嵬驿景区以其鲜明的文化特色、开放式的经营形式和科学的管理方式迅速走红旅游市场，完全形成了以马嵬驿带动杨贵妃墓和黄山宫两个老景区的"逆袭"局面。

（2）文旅融合，主题鲜明。民俗文化是发展乡村旅游之魂，马嵬驿取得成功的关键就在于抓住了文化精髓并进行了深化和活化，景区以游客喜闻乐见的形式进行民俗文化展示，主要有四类：一是地方传统小吃经营；二是传统生产工艺作坊；三是展览馆陈列展示；四是文化演艺活动。通过这四种形式，让民俗文化看得见、听得到、能品尝、可体验、能传承。

①吃得好的地方传统美食文化。走进马嵬驿民俗小吃街，一间间经营地方传统美食的店铺不仅色、香、味俱全，其完全开放式的制作过程，如同一幕幕返璞归真的民俗文化展演，给人以感官和精神的双重享受，粉汤羊血、礼泉烙面、乾县锅盔、关中搅团、贵妃糕、花糖、云团、酸梅汤……一种种你吃过或没吃过的地方小吃都汇集在这里，吸引着游客的胃。这里近百家经营户，按照景区"一店一品"的要求，经营着上百个餐饮种类，汇聚在一起就是一个囊括陕西传统小吃的"满汉全席"。

醪糟你一定吃过，但是醪糟是怎么制作出来的你知道吗？在这里你不能吃到正宗的醪糟蛋花汤，还能看到由江米制成醪糟的全过程，游客到这里不只是贪恋一道道美味，更被这些传统工艺的魅力所吸引，极大满足着中老年人的怀旧情结和年轻人的好奇之心。

②能体验的民间生产文化。关中深厚的民俗文化是陕西旅游资源的瑰宝，除了美食街外，马嵬驿民俗文化村的另一道风景是民间传统生产工艺的展示，这些即将消亡的传统制作工艺在马嵬驿里焕发出新时代的文化光芒。

马嵬驿里有七八家传统手工艺生产作坊，榨菜籽油的作坊里，传统的压榨设备是一根近十米的巨大圆木杠杆，木头直径双手难以接抱，令人叹服，榨油时，一人踩在水车一般的轮动上，牵引杠杆一下一下砸在另一侧的压榨槽里，菜籽油就从这里流溢而出。豆腐坊里，一口口大缸中存放着真正的卤水，卤水点豆腐的奇妙变化过程让小游客们惊叹不已，浓郁的豆花香吸引着游客驻足不前。马嵬驿农村手工土织布是一种已经很少见的民间手工艺，马嵬驿里特别设立了土织布村作坊，古老的木质织布机在年长村妇灵巧的操作下发出咣当当的声音，整个织布过程就是一道现场演艺的风景。

③看得见的民俗艺术文化。马嵬驿景区的"前生"是被废弃的李家坡村，村里有很多老窑制遗存，景区恢复保护了老窑洞遗址 16 处，在窑洞里建设了民俗文化展览馆，主要展示了自唐朝以来马嵬驿的历史典故和关中泥塑工艺品，另外还有一部分主要展示关中农村生产生活中的主要场景和用具，收藏老农具及生活用品等 20 000 余件，充满浓郁的农村生活气息。此外，景区还利用雕塑形式，展示了"十二生肖"故事和辽文化、唐文化传说等，丰富了景区文化内容。

④生动鲜活的文化演艺。在马嵬驿的文化广场上，每天都上演多场秦腔、川剧变脸、皮影戏、杂技等精彩的剧目，简约的小戏台上，三五个老艺人坐在一起吹、拉、弹、唱，各自亮出绝活。川剧变脸艺人则走进游客中间，随时随地为游客奉上精彩的变脸表演，让这一古老而奇妙的艺术与游客零距离。虽然没有大舞台上的华丽，但是这种在游客身边的小戏反而更加亲和，容易让游客产生共鸣。接地气的表演让非物质文化显示出巨大的魅力，成为吸引游客的一大亮点。

马嵬驿通过对传统民俗文化的挖掘，让很多濒临消失的传统文化得以保护和传承。老艺人们通过各种传统小吃制作、传统手工艺作坊、传统剧目表演等，带动年轻人对非物质文化的继承和发扬，也让更多游客对民俗文化有了更加直观的认识。

（3）精细管理，温暖游客。马嵬驿的餐饮店与通常的餐饮店不同，这里每家店铺都把后厨直接置于厅堂之上，整个加工过程均展示在游客面前，也处于游客的监督之下。

①统一采购的好食材。马嵬驿里的餐饮店所用食材全部是游客看得见的真材实料，厨师在现场加工制作，汤锅里放的什么肉和菜，配的什么调味品都让游客一目了然。

为了保证小吃经营户所有食材的品质，景区采取由商会统一购买原材料再原价卖给经营户的形式，从源头保证食品质量。景区经营户一律不准外带食材进入，也不能外带加工好的食品用以销售，必须使用景区统一供应的原材料现场加工。另外，景区还有自己的养鸡场，饲养的鸡必须在一年后才能出栏，经营户所用的鸡全部来源于这个养鸡场。周边的农村里有景区指定的蔬菜基地为景区菜店提供绿色无公害蔬菜。这些固定的肉、菜供应基地为景区提供了健康可靠的原材料。

②干净整洁的好环境。马嵬驿内虽然都是一间间各自经营的小店铺，但是给人的第一感觉是干净。很多游客甚至感叹这里的小吃店比自家的厨房还要干净、整洁，厅堂、灶台、调调料容器、餐具都一尘不染，整整齐齐。更为突出的是，这里所有的服务员和厨房操作人员都戴着明档口罩为客人服务，这一做法除了在高端酒店采用外，在陕西本地的景区大众餐饮场所可谓独树一帜。

好食材做出来的真味道，加上一流的卫生环境、牢牢抓住了游客的胃和心。

③以商治商的好机制。马嵬驿的经营管理秩序井然，但在这里却没有专门的管理人员。景区采取"以商治商"的形式，

从各个经营户中选出一部分人员组成商会，商会有一名会长和16名副会长，所有经营户都是会员。商会的职责主要有两项：一是负责统一采购原材料，再按照原价卖给经营户；二是负责对整个马嵬驿经营户进行管理监督。景区规章制度的落实靠每一个经营户，每一个经营户既是经营者又是管理者，互相监督，共同维护，实现了高度自治。

（4）带动就业，引领区域发展。马嵬驿按照"公司＋农户＋景区＋文化＋产品"的运营发展模式，把农民作为景区经营的主体，使农民华丽转身为经营的老板，成为最大的受益者，为全省乡村旅游扶贫树立了示范。

①景区店铺无偿出租。为了吸引农民从事旅游商业经营，马嵬驿主要采取了商铺无偿出租和经营户技术入股两种形式。

马嵬驿的小吃店铺全部是景区无偿提供的店铺，经营户只需要交纳在使用过程中产生的水、电、卫生费用。一部分食品加工作坊，如榨油坊、豆腐坊、辣子碾坊等实行技术入股的形式，经营户与景区各占50%股份联合经营。

②带动周边群众就业。景区带动了周边农村从事无公害蔬果种植和生态养殖，建立起水果种植基地、蔬菜种植基地、传统手工编织生产基地、家禽养殖基地等马嵬驿农副产品生产基地，解决了1 600多名农民的就业问题。通过民俗文化展演、民俗餐饮、民俗体验、休闲娱乐等项目，景区解决了当地500人以上的农民就业，农民人均收入增加2万多元。景区不但让农民群众得到直接就业，还在科学而严格的管理下为农民树立起旅游服务意识，提高了群众素质，助推了当地经济社会的全面发展。

③成为兴平旅游的引爆点。传统的兴平旅游主要由茂陵、贵妃墓组成，这条线路是典型的历史文化线路，景观文化内涵深厚却缺乏活力，游客能够参与体验的项目也很少。马嵬驿景

区正好填补了这一空白，游客在这里既能吃到美食、看到好景，又能买到让人爱不释手的土特产品带回家，客流的大量增加成为兴平旅游的引爆点。如贵妃墓景区 2013 年全年接待人数只有 26 万人次，由于马嵬驿景区的带动，仅 2014 年国庆假期 7 天时间，景区接待人数就达到 32 万人次。

案例分析

　　本案例中，马嵬驿由民营企业家刘红独资建设，并由她亲自经营。她独特的经营理念和管理模式成为马嵬驿迅速抢占市场的关键。在她的精细化、制度化管理下，马嵬驿经营户不拉客、不抢客、不欺客，让每一位来马嵬驿的游客都游得有尊严、有享受，"以人为本"在这里得到了全面实践。

案例二

四川文化扶贫

　　推动文化扶贫，是打赢脱贫攻坚战的重要方面。发展文化产业既是贫困地区转方式调结构的重要抓手，也是带动贫困群众致富奔小康的有效路径。贫困地区群众脱贫致富，根本要靠发展产业，实现就业。文化惠民扶贫，实质上就是发挥文化的力量，帮助困难群众搭上致富奔小康的快车。通过发挥好贫困地区自身文化特色、资源禀赋和比较优势，在发展文化产业上为贫困地区开辟一条文化富民的新路。

　　四川省作为文化资源大省，在探索文化扶贫方面做了很多有益的探索。2015 年 10 月，四川省出台了《文化惠民扶贫专项方案》，为未来 5 年四川省贫困地区的文化建设指明了目标和重点工作措施。四川省提出通过加强民族文化遗产的保护，文旅结合打造特色文化品牌，以此带动贫困地区转变经济发展方式，让贫困地区的老百姓在文化上"富"起来。

1. 重点项目上出真招

文化重点项目是文化富民快车的引擎。文化富民，首要是做实一批重点项目，抓好项目精准规划。四川省通过加大项目包装推介力度，整合要素资源，创新工作机制，充分发挥市场作用，选准选强实施单位，推动各种文化项目落地。通过加强基础设施建设、土地使用、税收政策、资金投入等方面的政策配套，推动文化产业重点项目规划实施，使已建成项目精准见效。

2. 在特色打造上出真招

"特色"就是要走"差异化""个性化"的发展路子，形成各自的核心竞争力。四川省在文化扶贫的过程中，重点突出地方特色，进行错位发展。四川积极立足贫困地区的资源禀赋，因地制宜规划建设了一批特色鲜明、优势突出、带动力强的文化产业基地、园区和集群，吸引文化企业入驻发展，提升规模化集约化水平。四川省将特色文化产业发展纳入新型城镇化建设规划，纳入幸福美丽新村建设，延续历史文脉，承载文化记忆，初步打造出一批文化特点鲜明、主导产业突出的特色文化示范乡镇、示范村。四川省围绕"以成都为中心，建设世界旅游目的地"的战略部署，发挥红色文化、历史文化、民族民俗文化的优势，精准识别，规模培育，推动贫困地区脱贫致富。

3. 创新利用文化资源

文化资源是不可多得的财富，利用得好能产生倍增效应，利用不好就造成无效浪费。应持有一种敬畏的态度，倍加珍惜、科学利用，不能走过去照搬、模仿的老路。创新政策工具，统筹发挥财税、农业、国土工商、旅游等相关部门职能作用，跳出条条框框，研究形成一套行之有效的政策组合，为文化产业发展提供政策保障。创新实施手段，发挥政府主导作用，有效整合市场、社会、群众的力量，形成政府科学引导、市场有序参与、社会积极响应、群众主动脱贫的工作格局。其中，通过管好政府之手，用好市场之手，让社会伸出手，让群众自己动手，保持发展定力，一张蓝图绘到底。

4. 建设"视听乡村"助力文化扶贫

一是实施广播影视全覆盖。在全省 88 个贫困县实施电视户户通、广播村村响、广播电视节目无线数字化覆盖工程和阅报栏建设，推动现代视听进村入户。**二是提供综合信息服务。**利用有线广播电视网络双向互动功能，实施"村村通宽带""宽带进农家""农村数字书屋""农村文化娱乐室"等项目，建立公共文化服务内容资源库，在贫困地区开展综合信息服务和电视电商，将贫困家庭电视终端打造成为数字农贸市场和信息服务中心，助力兴农富农。**三是开展文化扶贫活动。**综合利用农家书屋、村广播室、农村固定放映点等基层文化阵地，精心挑选群众喜爱的书报、影片，积极开展"政策宣讲""农技培训""科技服务"农资展示""假期课堂"和公益电影放映等文化活动。

🔍 **案例分析**

　　本案例中，四川省作为文化大省，创新利用其自身优势，利用重点项目，打造特色产业，建设试听乡村，充分发挥文化的力量，帮助困难群众搭上致富奔小康的快车。通过加强民族文化遗产的保护，文旅结合打造特色文化品牌，以此带动贫困地区转变经济发展方式，让贫困地区的老百姓在文化上"富"起来。

 **案例三**

青海同仁：用唐卡笔绘出的"文化扶贫"之路

1. 为贫困户提供唐卡技艺培训，助力脱贫

同仁，藏语"热贡"，意为"梦想成真的金色谷地。"它位于青藏高原和黄土高原交错板块，地形复杂，山高坡陡、沟壑纵横，特殊的区域环境使得同仁区域封闭、落后，是青海省15个深度贫困地区之一。

这片深度贫困地区上却拥有一颗文化明珠：热贡艺术。热贡艺术是以唐卡、壁画、堆绣、雕塑等为表现形式，以藏传佛教、神话故事、史诗、藏医藏药、天文地理以及传统知识为内容的造型艺术，于2006年5月被列入国家级非物质文化名录，2009年10月被联合国教科文组织列入人类非物质文化遗产。

拥有如此丰富的文化艺术资源，热贡艺术中最具代表性的唐卡就成了近年来同仁县"文化扶贫"的重要突破口。

画唐卡脱贫致富，第一步就是要传授给贫困户唐卡绘制技艺。著名唐卡艺人扎西尖措、曲智兄弟开办的热贡龙树画苑正是集中培养唐卡艺人的重点传习机构。

作为唐卡艺术的传承人，扎西尖措、曲智兄弟没有固守唐卡技艺"家族内传承""传男不传女"等旧习，他们30多年如一日，培养了358名热贡唐卡艺人。2001年，他们开创先例，收了全国第一个学习唐卡技艺的女徒弟，目前已出师的女性唐卡艺人已有36名。

在招收学员的时候，热贡龙树画苑更倾向于招收贫困户的孩子，一是这些贫困家庭更需要这门手艺来获得收入；二是这些来自贫困家庭的孩子心思往往更加单纯，更容易"静心"，把作品完成得更好。由于学员大多数来自贫困家庭，热贡龙树画

苑一直对所有学员免学费、免住宿费、免伙食费，还承担学员回家的交通费用。

画苑一年的伙食费、学员补助等费用就达 200 万元。为了鼓励画苑更好地培养唐卡艺人，当地县政府每年都会为热贡龙树画苑提供培训费用的资金补贴，并在基础设施建设等方面提供大力支持。

唐卡技艺的传承帮助了许多贫困学员的家庭，同时也辐射带动了周围村子的脱贫致富。在热贡龙树画苑已经出师的的 260 人中，有 16 名徒弟的年纯收入已经超过 100 万元，30 多名徒弟年收入超过 50 万元。这些已出师的徒弟再招收自己的徒弟，又可以扩大唐卡艺人队伍，给更多贫困群众脱贫致富的机会。在同仁县，像热贡龙树画苑这样规模的画苑已有 12 所，非物质文化遗产传承中心 25 座。

2. 让唐卡艺术成为贫困户家庭特色产业，保障脱贫

习得唐卡技艺之后，如何把唐卡卖出去，是"文化扶贫"的重要一环。除了为贫困户提供培训机会，同仁县政府还帮助唐卡艺人打开销路，将唐卡艺术变为特色产业。

热贡龙树画苑所在的吾屯村，从事热贡艺术产业的户数达到 90% 以上，可以说是"家家做画、人人从艺。"对于这里的贫困户来说，他们大多都具有绘制唐卡的技能，主要问题在于缺乏创业启动资金。当地政府以到户产业资金、低保补贴等方式为他们提供资金支持，将唐卡技艺转化为家庭唐卡特色产业。

吾屯村村民完玛措一家用政府发放的"到户产业资金"共 44 800 元在街边开了一间唐卡店铺，丈夫当周创作唐卡的同时，也会帮助其他艺人销售唐卡。由于热贡唐卡的名气很大，当周的唐卡店一直不愁销路，目前全家的月平均收入已达到 4 000 元以上，于 2017 年成功脱贫。

据统计，画唐卡之后吾屯村年人均可支配收入已达 11 340

元。目前村内 31 户 153 名贫困户已被带动发展了文化产业，实现收入稳定。

案例分析

靠山吃山，靠水吃水。青海同仁县则是"靠文化吃文化产业"，传承特色文化，绘制唐卡、销售唐卡，弘扬唐卡艺术，闯出了一条"文化扶贫"的新路，用自己的画笔描绘出了一条致富路。

九、产业扶贫

产业扶贫是指以市场为导向，以经济效益为中心，以产业发展为杠杆的扶贫开发过程，是促进贫困地区发展、增加贫困农户收入的有效途径，是扶贫开发的战略重点和主要任务。产业扶贫是一种内生发展机制，目的在于促进贫困个体（家庭）与贫困区域协同发展，根植发展基因，激活发展动力，阻断贫困发生的动因。

 案例一

江西九江市彭泽县水产局产业扶贫

彭泽县是全国淡水渔业重点县、农业部渔业健康养殖示范县、国家级稻渔综合种养示范区。2017 年全县养殖水面 12.1 万亩，水产品总产量 59 891 吨，同比增长 5.67%。渔业产业化扶贫是一项复杂的系统工程，也是一项长期而艰巨的任务，彭泽县水产局充分利用得天独厚的渔业资源优势，调整渔业机构，重点打造彭泽鲫、小龙虾、螃蟹等特色优势产业，实施特色渔业产业和渔业科技培训推广项目精准扶贫工程，落实渔业苗种补贴、渔业机械补贴、渔船油补等一系列惠渔强渔保障政策。全局上下一条心，劲往一处使，手把手心连心帮助渔民及贫困户脱贫致富。

1. 主要做法

一是因地制宜，立足各乡镇资源禀赋打造特色渔业经济板块。在耕地平整、集中连片的太泊湖开发区、马当、浪溪等湖区，重点推广稻虾共作、稻蟹共作综合种养技术，发展虾蟹产业；在水面集中连片的彭泽县太泊湖水产场、彭泽县水产场、芙蓉农场水产场、太泊湖开发区水产场，重点推广彭泽鲫、鳜鱼、黄颡鱼、泥鳅、黄鳝等特种鱼类养殖技术，发展以彭泽鲫为主的特色产业；在山塘、小型水库较多的山区，重点培养有机、绿色商品鱼类。**二是因人施策实施"造血手术"，恢复"血液循环"**。针对无技术的贫困户进行技术培训和现场指导，2017年度彭泽县水产局在县委党校、龙腾国际假日酒店主办虾蟹鱼类养殖技术培训班4期，共计600多人次，水产技术推广站站长王龙带领站技术员及各乡镇水产员等18人到田间、池边现场指导贫困户240余人次。针对无资金的贫困户，局干部像接力赛一样轮流去为贫困户争取产业扶贫专项贷款，或牵线搭桥通过其他渠道筹集资金。**三是建立"经营主体 + 贫困户"精准扶贫模式**。引导渔业企业、渔业合作社、渔业大户、家庭渔场等经营主体与贫困户进行产业对结。**四是**鼓励渔业企业、养殖大户、家庭渔场等在劳务用工方面优先使用贫困户；鼓励贫困户入股有实力、有信誉的渔业龙头企业，享受企业发展的红利。**五是**鼓励发展"一虾一蟹"产业，对符合稻虾综合种养的贫困户每亩补助300元。**六是**对涉渔贫困户在新建池塘、旧池塘改造方面给予政策倾斜项目支持。**七是**协调彭泽鲫良种场等三家苗种繁育企业，对涉渔贫困户所需苗种给予补贴、配送、技术服务。

2. 典型案例

九江凯瑞生态农业开发有限公司坐落在彭泽县现代农业园区，是一个集生产、销售、加工、农业观光于一体的省级农业产业化龙头企业，主导产品为"鄱阳湖"牌大闸蟹、小龙虾。企业通过"公司＋合作社＋基地＋农户（贫困户）"的经营管理方式，不断创新发展渔业产业，带动当地贫困户和周边农户脱贫致富。**一是**通过土地流转增加贫困户的年收入。过去，传统种稻经济效益很低，土地大量撂荒闲置，农户无法通过土地来增加家庭收入。公司董事长黄国平审时度势，把园区农户土地实行统一流转、统一规划开发，流转费用高达 600 元／亩，比其他地方的土地流转费每亩高出 200 元左右，园区贫困户仅土地流转一项就可以每年增加 1 800～3 000 元的纯收入。**二是**把规划开发好的田块单元原价返租倒包给贫困户，公司实行统一管理，帮助贫困户发展稻虾、稻蟹综合种养产业。2017 年贫困户通过这种稻渔综合养殖模式，水稻亩产量达 500～600 千克，销售收入达 1 500 元左右；小龙虾亩产量达 120～150 千克，销售收入达 4 500 元左右；螃蟹亩产量达 100 千克左右，销售收入达 8 500 元左右。综上，稻虾综合种养亩年销售收入 6 000 元，纯收入 2 600 元左右；稻蟹综合种养亩年销售收入 10 000 元，纯收入 3 000 左右。有 8 个贫困户尝到甜头后，纷纷表示稻渔综合种养这个产业好，有奔头，2018 年将继续加大种养规模。**三是**公司主动邀请身体状况不佳、不能从事体力劳动的贫困户通过技术入股、资产入股等方式参与公司产业分红。贫困户可以凭借个人的技术特长在公司的管理或技术岗位为公司服务，年终根据个人的绩效参与分红。也可以把自己的土地、鱼池或房屋仓库等资产交给公司管理经营，年终根据资产贡献率参与分红。**四是**公司根据自身产业不断发展的需求，把那些既无技术又无资产但身体健康的贫困户全部吸纳到公司参与产业劳动，每人按月发放劳务报酬 2 800 元。2017 年度公司吸纳贫困户 58 户共计 77 人，共发放劳务报酬 86.24 万元，人均 11 200 元。这些贫困户主要从事田间管理及小龙虾、大闸蟹等水产品的捕捞、运输和捆扎包装等工作。

3. 主要成效

一是扶持对象得实惠。彭泽县水产局"对症式产业扶贫模式"充分调动了贫困户的积极性，使其思想上由"要我脱贫"转变到"我要脱贫"上来，渔业产业扶贫项目特别是稻渔综合种养产业项目的成功率和后续效益明显提高，得到了贫困户的称赞和拥护。**二是项目扶持结硕果。**"对症式产业扶贫模式"使那些真正需要帮扶的贫困对象得到了实质性扶持，真正做到了"扶真贫、真扶贫"。达到了扶持一户、脱贫一户、致富一户的扶贫效果。**三是机关干部和贫困户的关系更加融洽。**局干部真心实意地进行传、帮、教、带，为贫困户解决生产发展中缺资金、技术、信息、劳力等困难，使他们的生活质量得到有效改观。

🔍 案例分析

　　产业扶贫是帮助贫困户脱贫的突破口，是确保贫困户脱贫的重要途径，也是确保贫困户脱贫不返贫的最有效方法。产业扶贫能有效整合土地资源，发挥当地资源优势，壮大产业经济规模，体现了科学发展观的本质要求，是新时期扶贫开发、脱贫攻坚工作的生动实践。分析江西九江市彭泽县水产局的扶贫，可以得出以下四点启示，①政府、部门引导是关键。充分发挥贫困人口的积极性、创造性，"授人以渔"，提高自我发展能力。②资源、资金整合是方法。扶贫开发是一项系统工程，联合打造产业化项目，成为群众稳定增收的主要渠道。③龙头带动是载体。如何破解农民"种什么、养什么，怎样种、怎样养，如何卖、如何卖个好价钱"，是新时期扶贫开发工作的出发点和着力点。把企业与贫困户、扶贫资金有机结合起来，使企业成为项目实施和资金周转的有效载体，带动贫困户脱贫致富。④合作社、协会是桥梁。产前、产中和产后服务，是产业项目能够顺利实施的关键环节。组建产业合作社、行业协会，实现规模化、标准化生产能有效破解资金、技术、信息等方面的难题。合作社、协会充分发挥了农民增收致富的桥梁作用，使贫困农户变"单打独斗"成为"抱团发展"。

 案例二

江苏省沭阳县产业扶贫

"扶持谁、谁来扶"只是扶贫的开始，关键是要"扶什么、怎么扶"，如何更有效地让扶贫力量有的放矢，实现精准扶贫。江苏省沭阳县给出的答案：统筹产业振兴和产业扶贫，开展特色产业扶贫工程。

2015年，沭阳县出台了《特色产业精准扶贫的实施办法》，通过打造优势龙头带动、产业融合和电商扶贫，推进花木、食用菌、蔬菜鲜果等特色产业发展和低收入农户增收。

打造优势，特色产业成为富民主业。沭阳县地处黄淮平原，属亚热带和暖带过渡地区，气候温和，四季分明，日照充足，雨量丰沛，是"南花北移、木南迁"的优质驯化地。当地党委政府坚持把花木、蔬果、畜禽产业作为发经济的突破口和主导产业。近年来，更是集中力量办大事，不断做大做强特色产业。

打造花木特色，建设中国沭阳国际花木城、沭阳花木大世界、周圈盆景市场、新河花木电商采购基地等十余个大型花木集散市场及中心；花木产业现了由苗木到园艺、由绿色到彩色、由"点"到"线"到"面"转变。提高畜牧业规模化，集约化和标准化水平，全县已建成养殖业家庭农场 316 个，水产业家庭农场 77 个。特色产业已成为富民主导产业，在扶贫开发中发挥了重要基石作用。截至 2016 年，全县花木种植面积由 2010 年的 4 万亩发展到 50 万亩，年实现花木产值 52 亿元，生猪年出栏量 176 万头，家禽 5 200 万羽；瓜果、食用菌年生产量 260.6 万吨，特色产业带动了 4 万多低收入户实现增收。

　　龙头带动，农户在产业扶贫中受益。沭阳县充分发挥龙头企业的在特色产业扶贫中的引领作用。该县狠抓内培外引和带动机制创新。对外引进了三叶园林、绿雅集团、立华牧业等一批的大型特色农业龙头企业；对内重点培育了省内首家上市花木企业——苏北花卉以及一批大型特色农业种植企业，其中县内单体种植面积超 1 000 亩的企业（大户）达 29 家，特色产业家庭农场 1 175 个，周集乡低收入户谢建中告诉记者，"我身体有病干不了重活儿，村里帮着把我的农田流转给了企业，每年有固定流转收益，扶贫资金入股每年有 8% 分红。老婆还能在企业里打工，我平时也能在自留的土地上种点蔬菜，收入稳定。"像谢建中一样，当地已有 629 户建档立卡低收入农户与生态园林公司签订了帮扶脱贫协议，低收入农户还可以得 1 万～2 万元的扶贫贷款支持，种植的花木、多肉植物等农产品都能"加价包销"。沭阳县以"政府＋公司＋金融＋低收入农户"模式形成产业扶贫"大合唱"，受到低收入农户欢迎，也得到龙头企业、专业合作组织、家庭农场等市场主体的认可，形成帮种、帮养、帮收、帮销以及联户带动入股分红等多元帮扶格局。目前，全县特色扶贫产业园已发展到 43 家。

科技创新，农户在品种推广中增效。沭阳县构建起了较为完善的特色产业科技服务体系。依托省市高等院校、科研机构成立了花卉苗木、食用菌、蔬果研发中心，科技培训中心和特色产业科技超市等一批科研机构，做好扶贫技能培训和"科技入户工程"，深入村头、田头、农户家中抓好指导培训，并开展资源保存与展示、扩繁、培训、推广示范等工作，让低收入户迅速掌握种植、养殖、加工技术。地处偏远的张圩乡老百姓常说："这些年好了，经常有免费的技术讲座，怎么种花木、蔬果，食用菌，都讲得明明白白。如今，我们也都成了种花木、蔬果的行家里手。"

加快新品推广和品种转型，主导种植模式正在悄然改变。颜集镇花农荣剑介绍，他和妻子仲秋香经营 12 个塑料大棚，种植 3 000 多平方米 40 多种多肉植物，以往种植绿化花木，亩产最多 2 万元，现在培植的多肉植物能收入十万多元，同样辛苦一年，年收入能翻上几倍。该县在去年建成占地 3 000 亩的苏台（沭阳）花木产业园的基础上，今年又在耿圩镇建设了占地 420 亩的多肉植物家庭农场集群，年产值达到 2 000 万元。宿迁立华牧业有限公司是沭阳畜禽规模龙头企业，采用国际先进养殖技术，带动全县规模养殖企业实现了品种更新，年增效达 1 亿元以上。全县先后引进、培育各类新品种 240 余种，特色产业品种已发展到 3 200 余种，新品种植面积超过 30%，2.6 万低收入农户从新品推广和品种转型中获利。

产业融合，产业扶贫链条不断拉长。沭阳县把延伸产业链、提升价值为提高特色产业整体效益、促进农户稳定增收的重要抓手。近年来，沭阳县以国际花木城建设为契机，加快推进三次产业融合发展，花木、蔬果、畜禽等特色产业正加速向互联网经济、旅游经济、生态经济融合发展，特色产业社会效应和经济效益大大提升。2016 年 10 月第四届中国·沭阳花木节、中国盆景制作比赛暨第二届中国精品盆景（沭阳）邀请展，吸引游客 22 万人次、引进资金 17 亿元。同时，致力打造"虞姬故里，花乡沭阳"旅游品牌形象，精心打造了扎新线景观路、古栗林生态旅游度假区、新河特色镇、钱集生态扶贫示范镇等休闲旅游线路。据不完全统计，2016 年国庆黄金周期间，该县共接待游客 53.5 万人次、同比增长 11.2%，实现旅游总收入 528 亿元、同比增长 95%，吸纳了 8 000 多低收入人口参与三产服务。

借网销售，特色产业扶贫搭上快车。人口不足 3 000 人的新河镇周圈村，在外界有个响亮的名头——中国互联网盆景第一村。该村是沭阳县的花木发源地，近年来电商发展红火，全村 631 户，开的网店就超过 560 家，自产的 400 多种苗木花卉基本上都是通过互联网平台售往全国各地。据统计，在全县 3 万余家网店中，约有 90% 的网店从事特色农产品及配套物品销售。商品种类从籽种树苗、鲜花、干花、盆景、资材、食用菌、禽蛋等，应有尽有。阿里研究院专家说，"淘宝上 20% 的花卉苗木类卖家集中在沭阳"。2015 年沭阳县全年网上交易额突破 65 亿元，快递发货量平均每天超 15 万件；2016 年上半年网络销售额达 62 亿元，快递业务量 3 464 万件，同比增长 124.9%。该县于 2015 年 4 月被国家商务部、财政部认定为"国家电子商务进农村综合示范县"，全县有 3 个镇和 22 个村分别获评"中国淘宝镇"和"中国淘宝村"。此外，该县专门出台电子商务发展指导意见，围绕低收入户"入门之前缺引导、起步阶段缺培训、发展阶段缺资金、升级阶段缺人才"，开辟农村电商扶贫"绿色通道"，着力打造"镇乡对接""村村联姻"和"大户＋低收入农户＋电商"模式，助推产业电商扶贫。党员陈静在网上销售花卉、盆栽、种子及园艺用品等，月成交量 150 多单，月销售额 50 余万元，她主动帮助村里 20 多名贫困青年加入到网销的队伍，实现了稳定脱贫。据统计，全县现有 1 800 多户建档立卡户"触网"创办农产品销售网店，实现增收 1.3 亿元。

通过产业扶贫，强化帮扶责任力、提升精准扶贫力、创新脱贫攻坚力，沭阳 2016 年实现 4.8 万低收入农户脱贫，超年度目标 10%，15 个省定经济薄弱村集体收入超过 18 万元。

案例分析

在本案例中，沭阳县统筹产业振兴和产业扶贫，开展特色产业扶贫工程。通过打造优势头带动、产业融合和电商扶贫推进花木、食用菌、蔬菜鲜果等特色产业发展和低收入农户增收。借网销售是沭阳县推动产业扶贫的又一项创新举措，借助互联网的快车大力促进产业精准扶贫。

案例三

"大三湘"企业参与平台式精准扶贫

"大三湘"全称为"湖南大三湘茶油股份有限公司"，成立于 2009 年，经营范围包括植物油脂产品与饼粕产品的精深加工及销售。公司目前在南岳山的 40 万亩有机油茶基地（租用农民荒山），以当地农民为主要劳动力，负责公司原材料的供应。公司与中国农科院进行技术合作，并自建加工厂生产茶油等相关产品。公司的茶油等保健产品通过会员制进行销售，公司会员构成客户群"南山会"。同时，大三湘与完美公司建立合作关系，由完美公司负责茶油精细化产品的加工及销售。

大三湘茶油基地位于衡阳市祁东县的偏僻山区。过去，这一地区的大量荒山由于经营不便、收益低（基本未给农民带来任何经济收益）而被荒弃，当地农民的收入主要来自田地经营及外出务工，年人均收入很低。两间小瓦房、一张桌子及几个凳子是当地常见的生活状态；村庄道路泥泞，农民外出极不方便，到镇上看病更是困难；由于家庭贫困，当地小孩基本初中未毕业便辍学在家，村里仅有一所摇摇欲坠的破旧小学。这里的人们不仅物质生活贫乏，精神生活更是贫瘠，青壮年劳动力外出务工留下大量的留守儿童与老人。

2008年，大三湘承租该地农民的荒山并建立茶油种植基地，雇用当地农民进行茶油林的种植、采摘及管理等工作。在大三湘企业的主导下，当地农民的生活有了极大改善。企业带领当地农户修建道路、希望小学、村庄大祠堂及孝文化广场等；积极开发旅游资源，利用茶花节、天鹅湖等项目吸引游客；引导农民养鸡、养鸭和种山黄豆等天然绿色产品并解决产品销售问题。

土地的适度规模经营，一方面有助于提高市场参与能力，开辟当地土特产品和农副产品等市场，另一方面有助于科学种植和合理配置劳动力。为了提高山地利用价值，大三湘租赁山地种植油茶树，带动7 000农户建成40万亩油茶基地，既带动了广大农户开发荒山增加收入的积极性，又使大三湘工厂有了稳定的原材料供给。

为了充分利用资源和拓宽增收渠道，大三湘与种植基地所在的西岭镇平安村集体合作，设立平安产业集团公司（注册资金1 000万元，其中大三湘投资350万元，占35%；公司向县农行申请公司＋农户贷款1 000万元），并通过平安集团投资茶山飞鸡合作社、农家乐、旅游民宿、七彩莲花湖等项目。大三湘以O2O平台模式，通过茶油产业组建消费者平台即南山会，并由消费者需求带动种养殖业及旅游业发展。如，每年带动基地农户种植1 000亩土黄豆，每月带动1 000人的旅游客流（包括"献爱心"会员）到基地参观等。既解决了农民种养产品的市场销路问题，又满足了南山会成员对农村天然绿色产品的需求；既增加了农民旅游项目开发的收入，又为大三湘产品经营做了宣传。

没有教育事业的发展，劳动者素质难以提高，山区的物质及精神贫困也难以得到根本改变。因此，解决农村贫困问题，需要从收入和教育两方面着手。除了发展茶油产业增加收入外，2014年初，以西岭镇平安村种植基地为样板，大三湘与当地政府一起，联合湖南省多家单位，共同发起"幸福乡村"建设活动。外请专家在村里祠堂开设"幸福大讲堂"，邀请专业团队开展传统文化表演活动，通过学习优秀传统文化，更多村民形成了正确的道德伦理观和价值观。这些活动引起了政府和社会各界人士对山区留守儿童和老人的关爱与重视。2014年8月，大三湘与中国社会福利基金会合作，参与授渔计划，将茶山基地内初中毕业辍学的农家孩子送往基金会指定学校就读，这些孩子毕业后由基金会安排到相关企业参加工作。

大三湘通过"幸福乡村"系列公益活动，积极帮助农民回乡参与大三湘无公害油茶林的农业产业化发展，让留守儿童的父母返乡就业致富；资助农村教育，捐建中小学图书室、参建希望小学、参与授渔计划、捐建多媒体教学设备等，改善当地教育条件，帮助农民学习优秀传统文化及农业科学知识。这些活动，一方面促进了公司的会员制发展，提升企业的社会形象及美誉度，获得了社会各界及公司员工的大力支持，另一方面也促进了农村教育的发展与农民生活水平的提高。实际是将大三湘的发展与精准扶贫及幸福乡村建设有机结合在一起，以企业自身发展促进社会进步。

2013年11月，习近平总书记在湖南考察时强调："发展是甩掉贫困帽子的总办法，贫困地区要从实际出发，因地制宜，把种什么、养什么、从哪里增收想明白，帮助乡亲们寻找脱贫致富的好路子"。人多地少是我国的基本国情之一，农民贫穷的主要原因是从事农业的人员太多，提高农民务农收入的关键是扩大和统一劳动力市场，在农村因地制宜地发展二、三产业，创造更多的非农就业机会，从而拓宽农民增收渠道（杨灿明、郭慧芳，2006）。实现精准扶贫，还要充分了解贫困家庭的致贫原因是缺乏必要的资金，还是丧失劳动能力，或是思想观念落后、生活态度不积极，等等。只有充分了解原因，并尊重农民意愿，对症下药，才能提高扶贫效率与效益。

大三湘油茶基地的农民收入有以下几个方面：山地租金、茶林管理收入、茶果采摘收入、公司分红、土特产品收入等。大三湘租用农民的荒山地，每亩月租15元（这些荒山地之前对农民几乎无任何经济价值）；通过合作社将茶山分包给有劳动能力的农户进行管理，每亩给200元的年管理费；茶果成熟时，雇佣村民进行采摘，日工资60元左右；油茶树结果后，大三湘让农户参与收入分红。公司与农民的联产计酬分配比例大概为：1/3分给农户、1/3归公司、1/3为当年管理成本支出（图3）。大三湘鼓励农民返乡就业创业，一户村民回乡承包管理200亩茶山，一家3个劳动力每年大约只需1/3时间管理茶山，年收入可达4万元，既增加收入又可全家团圆。

大三湘通过油茶产业连接外界市场，还带动了农村旅游业、餐饮业发展，拓宽了农民增收渠道，增加了农民就业机会，改变了过去那种农民主要依靠国家农业补助取得收入的增收方式。只要农民愿意改变生活现状，大三湘就会根据农户的家庭情况选择合适的方式给予支持。如，有些家庭劳动力不便进行山地劳作，大三湘就提供资金与销售平台扶持农民养鹅、种黄豆等。对于完全丧失劳动能力的家庭，大三湘则通过公司基金会直接进行资金扶持，从而实现精准扶贫与大三湘油茶产业的共同发展。

🔍 案例分析

　　精准扶贫是一项艰巨且复杂的工程，扶贫工作没有现成的模式，需要不断尝试以寻找最适宜当地的发展方式。从平台参与视角，分析大三湘这个典型的企业的"平台式"产业扶贫案例，可以得出以下结论：①企业的担当能促进精准扶贫工作的顺利开展。大三湘通过精准扶贫体现了企业的社会责任，形成了独特的会员献爱心机制，并进一步促进了产品销售与产业基地建设，得到了整个社会的认同与支持。但在如何保证平台的长期有效性、实现脱贫成果的长效性以及扶贫责任兑现机制的长期性等方面依然面临很大挑战。②大三湘的公益活动促进了农村的发展，从企业运营角度来看，它吸引了更多的企业家加入南山会献爱心，并成为大三湘产品的消费者，体现了大三湘的社会性营销。但该营销方式使得企业发展缓慢，且单个企业进行产业扶贫的力量有限，对其他企业来说，示范带动能力不强，对山区发展来说，产业基地建设推进不平衡。③企业的经营发展为社会进步提供了商业性推动力量，社会进步与制度变迁进一步为企业发展提供了良好的机会与商业环境，这体现了企业家的商业智慧和社会责任，大三湘以献爱心、回报社会建立企业经营平台，并吸引社会公益组织参与当地的精准扶贫工作，但伴随企业捐建基础设施、捐钱捐物等捐助行为的增多，当地政府对企业的帮扶逐渐视为理所当然，甚至会提出一些额外需求，在一定程度上挫伤了企业投资建设的积极性。

　　大三湘平台式产业扶贫模式当然也存在一些急需解决的问题，为实现企业的持续发展与山区的根本脱贫，该模式需要从以下几方面来完善：首先，参与精准扶贫的企业必须是反映区域比较优势、适合当地发展的企业，能够将贫困地区资源转化为企业自身的产品或服务，这样才能通过企业平台将贫困地区的资源与外部市场联结起来，从而实现脱贫成果的长效性与扶贫责任机制的长期性；其次，当地政府要积极引进其他相关或互补企业（如专业的旅游开发公司）参与精准扶贫开发工作，形成一定的产业凝聚力，从而增强区域内企业的市场能力，实现企业利益与山区发展的共赢；再次，地方政府要积极与企业合作，利用平台优势调动更多的社会组织（如教育、医疗等机构）参与精准扶贫工作，企业则要做好与地方政府及各部门的衔接工作，利用好政府对扶贫工作的优惠政策及资源配置政策等积极开展扶贫工作。此外，还要建立第三方监督机制，对政府与企业的扶贫开发工作进行监督协调。

十、资产收益扶贫

资产收益扶贫是通过一定的产业合作方式帮助贫困农户通过资产入股、租赁、托管等方式获得资产性收入进而增收脱贫的扶贫方式。这里的"资产"包括贫困村集体的土地、森林、荒山、矿产资源等集体性资产，贫困户的土地承包权、林权、房屋、圈舍等农户资产，贫困户的土地、森林、荒山、荒地、水面、滩涂等物质资产，以及财政扶贫资金或涉农资金投入设施农业、养殖、光伏、水电、乡村旅游等项目形成的资产。

 **案例一**

四川省南江县旅游产业资产收益扶贫

如果贫困是一种病，我们首先就要寻找病根病源、治本除根；如果产业是一剂药，我们最终目的是药到病除、健康自生。

自 2011 年《中国农村扶贫开发纲要（2011—2020 年）》中首次提出旅游扶贫，到 2015 年国务院扶贫办提出的精准扶贫十大工程，再到 2016 年国务院扶贫办、国家旅游局等十二部委联合印发《乡村旅游扶贫工程行动方案》，以及 2017 年中央 1 号文件《关于深入推进农业供给侧结构性改革加快培育农业农村发展新动能的若干意见》中重申发展乡村旅游推动精准扶贫工作，旅游与扶贫攻坚的结合越来越紧密，中国扶贫开发服务有限公司坚持以助推脱贫攻坚为使命，以"精准扶贫十大工程"为抓手，结合自身的资源与平台优势，创新提出"旅游扶贫民宿资产收益"的概念，以此成功实现了旅游资产收益长效扶贫模式。

1. 政策性导向市场化运作促合作共赢

"十三五"脱贫攻坚规划中明确提出："因地制宜发展乡村旅游。开展贫困村旅游资源普查和旅游扶贫摸底调查，建立乡村旅游扶贫工程重点村名录以具备发展乡村旅游条件的 2 万个建档立卡贫困村为乡村旅游扶贫重点，推进旅游基础设施建设，实施乡村旅游后备工程、旅游基础设施提升工程等一批旅游扶贫重点工程，打造精品旅游线路，推动游客资源共享。安排贫困人口旅游服务能力培训和就业。"同时，规划还指出"拓展扶贫协作有效途径。注重发挥市场机制作用，推动东部人才、资金、技术向贫困地区流动。鼓励援助方利用帮扶资金设立贷款担保基金、风险保障基金、贷款贴息资金和中小企业发展基金等，支持发展特色产业，引导省内优势企业到受援方创业兴业。鼓励企业通过量化股份、提供就业等形式，带动当地贫困人口脱贫增收"。

我国扶贫从全向扶持到实现可持续发展，是市场化经济必然的路径规划。精准产业扶贫是贫困地区摆脱贫困的唯一出路。"旅游扶贫"作为精准产业扶贫的一项重要举措。社会资本在开展旅游产业扶贫工作中需要深入当地农村，进行深度调研。精准定位后，就要在生产设施和经营性资产的开发建设上加大机制创新力度，整合资源，科学规划，打造完整的产业链条。形成具备竞争力的市场品牌。

中国扶贫开发服务有限公司坚持以政策为导向，运用市场化运作机制，精准规划、融会创新，努力通过"旅游扶贫民宿资产收益"扶贫模式实现与贫困人口的共同参与、合作共赢。

2. 资源变资产，资产转收益

贫困的原因很多，其中最主要的一个原因是没有劳动能力，据扶贫大数据显示我国老幼病残等丧失劳动能力的贫困人口群体，约占总贫困人口的 51%。针对这样的贫困群体，即使给予产业扶持，也无法使其通过直接参与劳动获得报酬来脱贫。

研究分析发现，贫困人口通常拥有的基本资源是一片闲置的土地或一处不宜居住的民居。这些基础资源无法形成收益，没有再生价值。中国扶贫开发服务有限公司通过将这些基础资源改建或重建为旅游民宿，使之成为可经营性的资产，实现了资源变资产、资产变收益，再通过专业化企业的经营产生保障性、可持续性的收益，最后通过资产收益式扶贫来精准济扶丧失劳动能力的特困人群。

"燕溪堂"光雾山山语林民宿酒店坐落在四川省巴中市南江县光雾山风景名胜区境内，总占地面积 1 408m^2，总建筑面积 220m^2，客房 40 间，项目开发规划定位为中高端市场的精品民宿酒店。通过预算一间精品客房年收人 100 万元以上；餐饮消费收入 20 万元以上；土特产采购收入 5 万 ~ 10 万元。此项目年收入可达 5 000 元左右，综合收益不低于 400 万元。民宿收益用于资产入股的贫困户分成，让贫困户享受到资产收益扶贫模式的红利。此项目贫困人口综合受益覆盖率达到 700 人以上，每人增加收入约 3 000 元。

3. "公司＋合作社＋贫困户"三位一体

山语林燕溪堂精品民宿酒店项目采用了"公司＋合作社＋贫困户"三位一体、协同发展、共进共赢的经营模式。在南江县政府的协调下，在村党委政府的帮助下，顺利成立了农旅专业合作社，把涉及此次民宿酒店项目的贫困户及资源纳入到合作社中来，并与贫困户签订合作协议，实行统建统管，保证贫困户可持续增收。合作社以社员入股分红及"合作社＋银行＋农户"的运营模式。

合作社作为项目参与的主体方之一，起到了资源汇集、短线管理、主体明确的平台作用，有效地提高了"旅游扶贫民宿"管理效率。

在国务院扶贫办、国家旅游局、巴中市政府的支持下，由中国扶贫开发服务有限公司与四川省光雾山旅游发展公司共同开发建设的山语林燕溪堂精品民宿酒店，成为了旅游资产收益式扶贫的标杆示范点。

民宿的发展得到了国家政策支持，在国务院"十三五"脱贫攻坚规划中提出乡村旅游产品建设工程："建成一批金牌农家乐，中国度假乡村，中国精品民宿。"

通过示范项目的实施和经验总结，中国扶贫开发服务有限公司对精品民宿项目也做了标准化的提炼，使其具备了可复制性的意义和基础。

经过测算，一栋10～20间客房的小规模精品民宿总体建设费用200万～300万元，设计建设周期短，半年左右可投入使用，通过全程委托专业公司运营当年形成收益，满足了贫困人口及时见效益的需求，同时使精品民宿在脱贫攻坚战剩余的3年时间段彰显了其小规模投资优势和普适意义。

在2014年12月，《国务院办公厅关于进一步动员社会各方面力量参与扶贫开发的意见》发布之后，越来越多的社会力量积极参与到了这场脱贫攻坚战中。由于该项目的精准定位和模式创新，更加吸引了社会资本对于区域旅游投资发展的关注，拟募投 10 亿元规模的旅游产业基金，对贫困地区旅游产业进行投资。在 2020 年前，中国扶贫开发服务有限公司将联合一百家企业在贫困地区建立 100 个燕溪堂扶贫民宿酒店，带动 100 万贫困人口的脱贫致富。

4. 扶贫工程混搭运用拉长扶贫产业链

在山语林燕溪堂精品民宿酒店项目实施过程中，中国扶贫开发服务有限公司积极探索扶贫工程复合式运用的新路子，把我国目前正在推进实施的"精准扶贫十大工程"中的"职业教育培训、扶贫小额信贷、易地扶贫搬迁、电商扶贫、旅游扶贫、龙头企业带动"六大工程进行深度融合，增强了产业精准扶贫的功能和应用范围。

通过易地扶贫搬迁工程建设"民宿社区"工程，完成了扶贫民宿项目的基础建设；通过扶贫小额信贷实现"有款可贷、有项目可投产、有还贷支持保障"的金融扶贫创新模式；通过职业教育培训实现"返乡创业"或"返乡就业"；通过龙头企业带动实现"产业产品升级迭代"。扶贫政策不仅是国家方略，更是指导性意见，各级政府和各地企业需要在实践中实现创新和复合应用。

🔍 **案例分析**

在本案例中，中国扶贫开发服务有限公司紧紧围绕习近平总书记"绿水青山就是金山银山"的重要精神，将旅游扶贫与产业投资相结合，形成"公司＋合作社＋贫困户"三位一体的经营模式。旅游产业精准扶贫的同时，运用互联网思维，促进不同产业之间相互融合与支撑，形成合力，实现扶贫效益的最大化。现阶段我国进入脱贫攻坚的关键时期，找准"贫根"，对症下药，方可事半功倍。中国扶贫开发服务有限公司在助推脱贫攻坚的过程中，按照党中央、国务院关于精准扶贫的重要部署，牢牢把握旅游扶贫这一重要抓手，脚踏实地攻坚克难，全力开创旅游扶贫新局面，为全面建成小康社会做出应有的贡献。

案例二

兴伟集团："秀水五股"资产收益扶贫

2015 年，习近平总书记在贵州考察时，对贵州的扶贫工作提出了更高的要求和目标。到 2020 年，贵州能否摆脱贫困与全国人民一道实现小康，将关系到全面建成小康社会的历史重任能否如期实现。2015 年 10 月，全国工商联发起"万企帮万村"精准扶贫战略行动的号召。随后，贵州省委省政府、贵州省工商联对开展"千企帮千村"精准扶贫行动作出部署。在决胜小康的关键时期，这是党和国家对民营企业的召唤。

贵州是全国贫困程度深、贫困范围广的区域，党中央、国务院高度重视贵州的精准扶贫工作，一些全国优秀民营企业都积极参与到贵州的脱贫攻坚行动中。兴伟集团作为贵州本土民营企业，义无反顾、坚决响应党和国家的号召，积极主动参与精准扶贫行动。2015 年以来，兴伟集团先后在贵州安顺、毕节、黔西南等地展开帮扶活动，积极带领老百姓脱贫致富奔小康。

1. 挖出贫困"穷根"，细化帮扶方式

2015 年 4 月，兴伟集团组建帮扶团队进驻贵州省普定县秀水村，无偿投资 3.77 亿元帮扶秀水（实际投资已超 5 亿元），以开发农旅结合模式为主，综合开发乡村旅游和现代高效农业，

集团投资"一份股份都不留，一分效益都不要，全部送给村民"。

秀水村位于安顺市普定县龙场乡，由七个自然村组成，共计农户114户3 512人，2014年建档立卡贫困户527户，贫困人口1 321人。秀水村共有适合种植经济作物的土地5 200多亩，人均土地148亩，该村2014年人均可支配收入不到2 000元。全村无产业、无集体经济、无增收来源，老百姓靠种粮食和外出打工维持生计，是比较典型的"三无"空壳村、空巢村、贫困村。为因地制宜制定帮扶规划，真扶贫、扶真贫，集团派出100多人的帮扶管理团队进驻秀水村，成立集团扶贫办，先后召开群众大会上百次，兴伟集团董事长王伟也百余次前往该村贫困户家中，与村民座谈聊天，了解他们的想法和愿望，分析老百姓贫困的原因，找出贫困的"穷根"。集团经过多次召开会议研究讨论帮扶方式，在以下帮扶原则上达成共识：一是企业帮扶不是施舍，而是从贫困百姓期望出发，用心去做工作，为贫困百姓服务；二是企业帮扶要从根本上帮扶，仅仅捐款捐物远远不够，关键是要进行产业扶贫；三是企业帮扶要"取之于民，用之于民"，要把企业财富变成老百姓致富的资源，将当地村民没有有效利用的资源变废为宝，让老百姓脱贫致富；四是激励老百姓积极参与，激发老百姓内生动力。

因此，兴伟集团明确帮扶方式为物质帮扶、理念帮扶、精神帮扶相结合。物质帮扶即无偿帮扶开发秀水旅游产业、农业产业；在保持村寨原有风貌的前提下建设基础设施，改善老百姓的居住环境和生活条件。理念帮扶即通过院坝会等方式，加强与老百姓的沟通和交流；对老百姓进行培训，让秀水村村民融入到现代社会生活中来；解放老百姓的思想，让老百姓从小农经济思维转变为社会主义市场经济思维。精神帮扶即在地方党委、政府支持和帮助下，兴伟集团党支部配合和加强秀水村党组织建设工作，发动群众，正确引导老百姓的思想，培养老百姓的感恩情怀，让老百姓爱党、爱国家、爱家乡。兴伟集团帮扶管理团队挨家挨户进行动员、加强一对一沟通，召集村民进行授课、加强理念传导，还邀请村里德高望重的长辈出面做村民工作，使帮扶秀水村的理念、思路得到全村百姓的支持。

集团帮扶后，2015 年该村人均可支配收入达到 10 800 元以上，2016 年该村人均可支配收入达到 18 000 元以上。截至 2017 年 7 月，该村外出务工人数已减至 100 人左右，在村公司就业达到 600 人以上，依托秀水帮扶开发，从事相关行业的从业人员达到 60 人以上。秀水项目自 2016 年 1 月试营业以来，共接待游客 300 万人次以上，带动旅游经济收入 5 000 多万元，共发放村民工资 1 500 多万元。如今的秀水村"五保户，保富保健康；贫困户，脱贫奔小康；脱贫户，和谐创业忙。"

2. 用心、用情、用力帮扶，创新"秀水五股"精准扶贫理念与模式

为了让村民共享发展成果，同时也激发他们参与发展的积极性，兴伟集团帮助村民成立了三家集体经济管理公司，并提出"让农民变股民"的构想。即村民自愿把土地入股，入股土地归集体所有，运用公司化运营管理模式，依托当地自然优势，发展旅游业和高效农业，村民可优先在相关项目就业，项目完成后的全部收益都是股金，按照"秀水五股"进行分配。兴伟集团一份股份不留，一分效益都不要，所有项目投资及建设全部无偿捐献给秀水村每一个村民。"秀水五股"，一是人头股，占股 10%，秀水村民人人都有股；二是土地股，占股 30%，村民自愿以土地入股的方式参与，每分土地算一股，入了几分算几股，年终按土地面积分红；三是"效益"股，占股 30%，村民们高高兴兴参加劳动，参与劳动就有股，有效益就能分红，一分劳动一分股，包括参与项目建设的劳务报酬和项目运营管理的工资报酬，年终按劳动分红；四是孝亲股，专为 65 岁以上老人，每年从项目中提取 5% 的收益作为老人们的生活保证金、养老保险、医疗保险等经费；五是发展股，占股 25%，从村集体收入及利润中提取 25%，用于秀水村旅游项目的后期管理经营、公共基础设施管护、因病因灾临时救助等社会公益性事业。

3."秀水五股"精准扶贫理念与模式的升级与推广

集团计划三年内通过项目实施、产业支撑等一揽子综合措施，"把产业布局在农村，把公司办在贫困地区"，在 2019 年底前带动贵州省内 30 万以上的贫困人口实现稳定脱贫。

2015 年 8 月，集团整合多方资源投资 200 亿元以上建设兴东民族大健康产业园、大兴东国际旅游城项目，该项目将于 2017 年 12 月完工并投入使用。该项目传承并创新了"秀水五股"模式，打造以兴东民族大健康产业园为中心、服务于"三农"的大产业扶贫基地，辐射普定县、安顺市，乃至贵州全省，以"公司＋农户＋基地"的发展模式，建设高科技农业、现代农业、山地休闲农业、文化农业、农旅结合等产业，推动工业、农业、服务业的互利共生，形成产业链，推动以兴伟集团为代表的企业界参与"万企帮万村"精准扶贫行动的高潮。目前已带动两万人在项目务工，其中有上万农民务工就业。

2016 年，中央统战部组织民营企业家在黔西南参加村企结对帮扶活动，兴伟集团积极响应，无偿投资 1 000 余万元帮扶晴隆县碧痕镇新坪村半坡组。投资 3 亿元帮扶三宝乡 100 万羽鸡养殖项目，2017 年 3 月和晴隆县签署投资 100 亿元建设晴隆县大山地农旅综合体精准扶贫项目，已正式动工。

2017 年 2 月，无偿投资 1 000 多万元帮扶贵州省普定县马场镇三兴村。完成 10 个自然村的饮水建设和 10 千米水泥路硬化。投资 4.2 亿元在织金县珠藏镇建设现代循环农业园精准扶贫项目，该项目覆盖珠藏镇全镇全部贫困户 1 701 户 5 394 人。近期，又无偿投资 1 000 多万元帮扶贵州省镇宁县募役镇平桥村修建 10 千米通村公路和水电工程。

案例分析

　　兴伟集团以开发农旅结合模式为主，综合开发乡村旅游和现代高效农业，集团投资"一份股份都不留，一分效益都不要全部送给村民"。以人头股、土地股、效益股、孝亲股、发展股"五股"的方式使村民自愿投资，实现了"让农民变股民"的构想。

案例三

灵丘县资产收益扶贫

　　自开展脱贫攻坚工作以来，山西省为加快激活农村各类资源要素潜能，创新财政扶持资金使用方式，在全省范围内部署开展"资源变股权，资金变股金，农民变股东，收益有分红"试点，探索建立贫困人口通过各种股权设立，参与股权分红的资产收益长效机制。灵丘县作为山西省的试点县之一，瞄准贫困群众稳定增收脱贫，实现"两不愁三保障"的目标，通过采取多种模式积极整合盘活"沉睡"资源，不断创新帮扶模式，探索出了"财政注资＋企业经营＋贫困户分红"的资产收益扶贫模式，并通过多方考察、实地调研精心选定润生公司等企业作为经营主体。

　　山西润生大业生物材料有限公司于 2014 年将公司从太原市高新技术开发区整体迁移到灵丘县扶贫产业园，是全省唯一一家专业从事新生牛血清研发、生产和销售的企业。公司以牛血清加工项目为依托，利用灵丘县牧草资源、气候环境条件，实施乳牛规模养殖项目。2017 年，公司养殖乳肉牛 653 头，当年出栏 386 头，除去饲草、饲料、设施折旧、防疫、水电、人工工资等成本，获得纯利润 77.2 万元。

灵丘县通过投入润生公司财政扶贫资金 620 万元，将资金形成股权量化到贫困户并统一发放股权证，由公司统一经营乳牛、肉牛养殖项目，产生利润，按股给予贫困户分红。该项目覆盖灵丘县史庄乡 13 个行政村 1 240 个建档立卡户，每户持有 5 000 元的资本金，经过精准识别，确属因病、因残致贫，无劳力的贫困户可多持股金。贫困户通过"固定分红 + 浮动收益 + 种植业收益 + 劳务收益"的模式实现脱贫增收。每户持有的 5 000 元资本金，每年固定分红为 500 元；实际经营利润超出固定分红的部分，作为浮动收益，贫困户享有 40%、村集体享有 10%；周围村民种植的玉米等饲料，公司将以高出市场价 10% 的价格统一收购，户均可增收 1 000 元，此项收入作为种植业收益；有劳动能力的贫困户经培训合格可以在产业链上打工，获取劳务收入。

通过项目实现脱贫的贫困户给予三年的巩固期，期满后不再享受股权，由村集体将其原持有的股权证明收回，重新分发给未脱贫的贫困户，通过轮流持股带动全乡所有的贫困户脱贫。在全部贫困户脱贫后，全部股份转归村集体所有，用于村集体经济的持续发展。

史庄乡贫困户刘建军因缺乏技能致贫，一直靠种地为生，生活十分困难。通过资产收益扶贫带动，2017 年获得固定分红 500 元，经培训在公司牛场务工，日工资 120 元，3 个月收入 10 800 元，种植饲料玉米出售给公司，获利 3 500 元，全年总收入 14 800 元，家庭人均收入达到 7 400 元，当年就摘掉了贫困帽子。

在项目实施过程中，实行独立核算，全程接受政府相关部门的指导和监督。项目合同期为三年，合同期满时，由审计机构对该项目形成的净资产进行审计评估。2017 年资产收益扶贫模式通过将自然资源、公共资产（资金）或农户权益资本化或股权化，累计带动了史庄乡 13 个行政村 1 240 户贫困户实现脱贫增收。

案例分析

　　本案例中，灵丘县瞄准贫困群众稳定增收脱贫，实现"两不愁三保障"的目标，通过采取多种模式，积极整合盘活"沉睡"资源，不断创新帮扶模式，探索出了"财政注资＋企业经营＋贫困户分红"的资产收益扶贫模式，并通过多方考察、实地调研精心选定润生公司等企业作为经营主体。

十一、劳务与就业扶贫

　　劳务与就业扶贫是为了解决城乡二元结构下农民工城市融入难、就业难的问题而提出的脱贫攻坚设计。劳务输出和返乡就业是劳务就业扶贫的两种重要方式，一方面要注重对贫困务工人员的职业技能和生活方式的培训，另一方面制定相关政策法规，保障贫困地区进城务工人员的合法权益，同时创造适宜条件，积极引导贫困人口返乡就业创业，拉动当地经济增长，改善贫穷落后局面，加快我国打赢脱贫攻坚战的步伐。

 案例一

新田县劳务协作就业扶贫

　　新田县成立了以县委常委、常务副县长为组长，分管副县长和工业园党工委书记为常务副组长，相关职能部门为成员的劳务协作就业扶贫工作领导小组，统筹协调全县劳务协作就业扶贫各项工作。在12个乡（镇）成立了劳动保障服务中心，230个行政村成立了劳务保障工作站，确定了劳务保障员和村级协理员280名。在工业园和俊毅产业园分别设立了人力资源服务分中心，依托广东七个流动党工委设立劳务协作服务中心。建立了以"新田智慧就业"、新田人社网、新田就业服务网等为载体的移动宣传平台。在全县范围内建立起"互联网+"用工信息实时发布平台，把用工信息及时发布到乡镇、社区（村）一级。出台了《新田县精准扶贫脱贫攻坚工作考核实施方案》《新田县劳务协作就业扶贫工作考核办法》等文件，明确任务、明确导向，并把劳务协作就业扶贫列入年终绩效考核。依托乡镇、村级劳动保障平台，全面核实125个贫困村，2.4万贫困户，8.4万人贫困人口的信息采集工作，及时开展信息系统更新，层层建立台账。达到了全县所有贫困户家庭状况、家庭收入、脱贫措施"三个清"的目标。

全方位多层次多渠道把劳务基地做大做强。在广东东莞市、清远市和花都区成立了劳务协作服务中心，为外出务工人员提供职业介绍、法律咨询、子女上学等一系列优质劳务服务。县人社、工会、妇联等职能部门定期组织工作人员上门服务，降低外出务工人员往返新田的时间成本和费用。大力开展外出务工人员维权宣传和劳动监察执法，开辟农民工维权"绿色通道"，免费提供法律援助，确保外出务工的贫困劳动力能够安心工作，实现稳定就业。

加大园区就业岗位开发。一是主动收集就业岗位，为园区企业提供人力资源服务。人力和社会保障部门分别成立就业岗位收集组，分工协作，优势互补，大力收集就业岗位。根据园区企业需求，适时组织专项专场招聘活动。二是服务园区企业发展。为园区企业提供创业担保贷款、实行就业技能培训补贴、实行职业技能鉴定补贴等 20 余项企业用工服务优惠政策，鼓励企业吸纳贫困劳动力。三是开展公共就业服务。结合全县开展的"就业走基层，服务惠民生"活动，积极向园区求职人员提供"三进三送"服务（就业服务进园区、就业宣传进园区、招聘洽谈进园区、送政策到家、送培训到户、送岗位到人），结合多数贫困劳动力缺乏技能的特点，重点推荐技术含量低的岗位，帮助求职人员尽快实现就业。

建好就业扶贫基地。一是"土地流转＋基地用工"模式。通过流转基地附近的新屋场、岗上、双溪岭、挂兰、鱼池头、源头等村土地 6 500 亩创办高标准富硒蔬菜种植核心基地，核心基地内贫困户通过土地流转可获得每亩每年 500 元的固定收入，同时又可以通过用工培训返聘进入公司进行蔬菜生产作业，每月可获取 1 200 ~ 4 000 元不等的工资收入。二是"公司＋基地＋收购点＋农户"模式。公司通过提供生产资料、组织技术培训、签订保底收购合同等方式带动发展蔬菜种植 5 万亩，并在项目村设立收购点，直接服务上门。贫困户种植蔬菜平均每亩产值突破 1 万元，3 500 名农户通过发展蔬菜产业年人均增收达 5 000 元以上，轻松实现增收致富目标。

加大资金投入，优化师资结构。《新田县"一户培养一名产业工人"实施方案》明确了该县的职业培训将以技术人才培养为核心，着力培养出一批初级、中级、高级技术人才合理搭配的人才队伍。明确了县财政每年投入到职业技术培训的资金不得低于 1 000 万元。县财政每年安排 40 万元用于加强职业技能专业教师的队伍建设，逐步提高双师型教师的比例，出台了规范专职教师职称评定的方案，提高双师型教师的待遇。每年分批次选送年轻教师到长沙、广州的职业院校和合作企业学习，提高职业教育理论和实操水平。近三年，该县累计选送职业技术型老师外出学习350余人次。同时，今年新成立的湖南省新田县技工学校，为该县职业教育发展注入新的血液，为职业教育发展提供了更新、更高、更广阔的平台。

创新培训方式，丰富培训渠道。一是合作办学。与永州职业技术学院、中南电商学院开展联合办学，聘请专业教师上课。截至目前，合作办学培训学员670余人，其中贫困劳动力327人。二是送出去培训。选送有意愿、有上进心、有基础的"两后生"到永州职业技术学院免费学习，进一步提高职业技能水平。目前，累计选送"两后生"78人到永州职业技术学院学习。三是深化校企合作和订单培养。以长沙比亚迪等11家有着劳务协作输出合作关系的大中型校企合作企业为基础，按企业的要求，组织订单培训。先后开办电子产品加工、模具设计师、设备安装工等各类专业培训班22期，培训学员1 100余人，并100%推荐到企业工作。四是异地培训。2013年，新田县首创异地职业技能培训模式，利用流动党工委的桥头堡作用，借助当地的培训基地，把职业培训班开到流动人员最为集中的珠三角，开设周末班、夜校等，免费为新田籍的劳动力提供职业技能培训。截至目前，异地职业培训累计培训学员3 800余人，其中3 100余人考取了职业资格证书，实现持证上岗。提高培训补助，降低培训成本，发放每天30元的交通、食宿补贴。对符合"雨露计划"的贫困劳动力，在取得职业资格证书后，发放1 500元/人的补贴。为便利贫困劳动力就近得到培训，在12个乡镇建立规范化的培训中心，根据贫困劳动力的数量、专业摸底需求，有针对性地开设培训班。通过引入社会培训力量，政府购买服务，部门监督的方式，鼓励优质培训机构根据贫困家庭劳动力地域分布，组织培训力量深入到乡镇、村一级，就近就地开展培训。目前，累计培训贫困劳动力1 000多人，发放交通、食宿补贴50余万元。

案例分析

　　本案例中，新田县充分利用互联网技术，发布就业信息，同时加大资金投入，创造就业基地，开发就业岗位，对贫困人员进行职业技能培训，在劳务就业扶贫方面取得了成功。新田县的成功对我国其他类似贫困地区的扶贫工作开展有积极的借鉴意义。

案例二

德阳人社部门劳务与就业扶贫

　　自 2014 年 3 月以来，德阳市人社系统对农村建档立卡贫困家庭人口、劳动年龄段人口、有就业创业帮扶愿望的人口进行了调查登记建档，并建立全市就业扶贫信息系统，对就业扶贫对象实行实名制动态管理和服务。

　　1. 政策保障，撬动就业

　　按照德阳市委、市政府脱贫攻坚的总体部署和"脱贫不脱政策"的要求，各地结合自身实际，制定出台了免费就业培训、灵活就业社保补贴、企业吸纳贫困劳动者奖励、村级劳动就业平台奖补等一系列促进就业创业扶贫的政策体系和促进贫困劳动者稳定就业的具体办法。3 年来，全市共免费培训贫困劳动者5 724 名，支出就业扶贫资金 2 013.67 万元。

　　2. 开发岗位，对接就业

　　一是对接岗位就业。仅 2017 年，全市已组织开展各类就业扶贫现场招聘 1 205 场次，提供岗位 88 678 个（次），开展职业指导 9 869 人（次）。**二是订制专岗就业。**按照"一对一"责任帮扶的要求，量身订制岗位帮助贫困劳动者就业。**三是公益性岗位兜底就业。**在乡镇、村开发基层管理服务类公益性岗位安置贫困劳动者，并按每人每月 300 ~ 500 元的标准给予岗位补贴，共有 2 762 名贫困劳动者在各类公益性岗位实现就业。**四是拓展岗位就业。**结合地方特色拓展就业形式和渠道，帮助贫困劳动者，特别是无法外出务工的劳动者在多领域就业。目前，全市已有 737 名贫困劳动者在年画绘画、手工艺品制作、电子产品零件组装、手工编织等领域实现了就业。

3. 创建基地，支撑就业

通过落实创业政策，扶持了一批农民工返乡下乡创业，支持了一批农业专业合作组织、新型农场等农村各类新经济体，并通过创建就业扶贫示范基地活动，创造了大量适合贫困劳动者就业的岗位，为就业扶贫提供了有力支撑。同时，还采取"公司 + 农户 + 就业扶贫"的模式，支持贫困劳动者家庭参与土地流转，务工增收。目前，全市有返乡下乡创业企业和就业扶贫项目 170 个，吸纳和带动周边贫困劳动力就业创业 7 600 余人，户均年增收 3 000 ~ 10 000 元。

4. 精准服务，引导就业

各级就业服务机构依托镇村劳动就业和社会保障服务站，深入开展就业创业政策宣传、职业指导、职业咨询以及思想引导等服务。对个别懒惰思想作祟的贫困劳动者，就业服务机构按照结对帮扶"包就业"的原则，采用"劝、带、拉"的方法，让其转变思想，主动融入到社会就业中来。同时，建立了定期寻访贫困劳动者就业企业制度，促进了贫困劳动者的稳定就业。加强培训，提升就业。各级人力和社会保障部门坚持从贫困劳动者实际需求和企业用工需求出发，结合各地产业发展特色，开展职业技能培训和创业培训。同时，还根据贫困户生产特点，通过"职业技能 + 创业 + 农技 + 实用技术"等方式开展复合式培训，使贫困户走上脱贫的路子。

5. 合理引导，扶持创业

根据有创业意愿和能力的贫困劳动者实际需求，通过提供创业培训、开业指导，引导帮助他们结合自身特长，在种养业、乡村旅游、电子商务等领域开展创业。目前，全市贫困户中，在种植和养殖业、乡村旅游、电子商务等领域成功创业脱贫的劳动者有 100 余人。

6. 对口帮扶，支援就业

2017 年以来，德阳人力和社会保障部门分别在甘孜、阿坝、凉山举办就业援助招聘会 10 次，有 150 余家企业提供就业岗位 2 536 个，有 962 人达成了意向性用工协议，推荐对接农业扶贫项目 7 个，分别为甘孜和阿坝举办了汽车维修和挖掘机技术"扶贫专班"培训，并根据学员的就业愿望，全部帮助实现了就业。就业服务机构还组织专人对在德阳就业的藏区、彝区劳动者开展人文关怀，及时帮助他们协调解决生活和工作上的困难和问题，以"准"的服务保障"稳"的就业。

案例分析

　　本案例是从政府人社部门的角度展开扶贫就业工作，通过政策保障、开发岗位、创建基地、精准服务、合理引导、对口帮扶等一系列的措施，建立全市就业扶贫信息系统，对接就业，保障就业，支持就业，引导就业，促进贫困地区的就业。

 案例三

常宁市劳动就业扶贫

常宁市是一个人力资源丰富的地区，全市现有人口 86 万人，目前，约有农村剩余劳动力 20 万人，城镇待业人员约 2 万人。为了把人力资源优势转化为经济优势，特别是千方百计帮助农村贫困人口脱贫致富，想方设法帮助城镇"零就业家庭"至少安排 1 人就业，近些年来，该市市委、市政府决定把招工扶贫作为落实省委、省政府"为民办八件实事"和建设社会主义和谐社会的重点来抓，致力搭建就业平台，全面提高务工人员素质，全力搞好跟踪服务，努力致富千家万户，促进了市域经济快速发展。到目前为止，全市已联系境内外企业招聘 14.8万人，实现年收入 7.6 亿元；引进境外资金 1.3 亿元，各类项目 11 个；外出务工人员致富后返乡创办企业 47 家，新增产值2 亿多元。其具体做法是：

1. 搭建平台

该市经常免费组织境内外企业到该市现场招工，促进充分就业，加大劳务输出和就地转移力度，大力发展劳务经济，实现了招工一人、富裕一家、发展一片的预期目标。为了帮助务工人员找到就业岗位，该市市委、市政府等几家班子的领导经常采取上门、电话、书信、网络、访友、开会等方式联系招工单位。市委书记肖长河，市委副书记、代市长胡丘陵利用到广州、深圳、东莞、长沙、衡阳开会和招商的机会，先后为外出务工人员找到招聘单位 33 个，落实应聘人员 2 128 人。2017 年 8 月 28 日，该市统战部、劳动和社会保障局、农办、工商联等单位组织各乡镇的农村富余劳动力、企业下岗失业人员、大中专毕业生、退伍转业军人和城镇"零就业家庭"人员免费参加衡阳市委、市政府在该市举办的"万名招工扶贫光彩大行动"现场招聘会。由于组织周密，措施得力，招聘会取得了圆满成功。参加招聘会的境内外企业有 286 家，参与应聘的有 2.1 万人，与用人单位签订意向合同的有 1.5 万人。现在，这批人员已陆续到用人单位上班。

2. 提高素质

为了提高外出务工人员自身素质和就业技能，让他们拥有一技之长，获得就业应聘资格，该市以市劳动就业服务局和市农业广播学校为基地，建设"阳光工程"，先后免费开设了保安、电脑、电工、驾驶、模具、建筑、电焊、美容美发、家政服务等各类实用技能培训班 103 期，从市内外聘请有实践经验的教师授课，累计培训外出务工人员 8 600 人。同时，要求技术工种从业人员参加考试考核，对其中的合格者，为其到省和衡阳市的主管部门办理初到高级职业资格证书，增加其业务技能，增强其就业竞争能力。前不久，该市劳动保障局、公安局免费在该市职业中学举办了为期两个月的"常宁保安"创业培训班，开设了体能训练、着装要求、口语表达、社交礼仪和职业道德等课程，帮助即将到广州、深圳、长沙，防城港等地从事保安工作的人员提高身体素质、业务能力和工作技巧。而此前，该市主要从事治安协管、武装押运、单位保安等工作的保安人员已在广州、深圳、长沙、防城港等地的企业和保安公司享有诚实守信、吃苦耐劳、胆大心细的美誉，具有"常宁保安，保你平安"的特色，已经产生了"常宁保安"品牌效应。

3. 跟踪服务

为了让外出务工人员输得出、稳得住，能致富、快发展，该市创造性地开展劳动维权跟踪服务工作，给每位外出务工人员发放一个《劳动维权跟踪服务证》，对持证人及其家庭成员在协议期内到劳动就业服务机构求职的，免收职业介绍费，农民工参加农村合作医疗，一旦发生工伤事故或住院治疗，都要给他们及时报销医药费，让他们享受社保待遇；如在外工作期间发生工伤事故，或用工单位侵害务工人员合法权益，发生收取押金、克扣工资、无限制增加劳动时间等行为，劳动就业服务部门将及时派人协助处理，为持证人免费办理社会保险事宜及协助办理就业所需的有关证件，切实解除了务工人员的后顾之忧。2017 年 6 月，宜潭乡一名姓张的务工人员在广东省东莞市一家公司务工时，在工作中发生操作事故负伤身亡。这位务工人员的亲属与公司在工伤待遇方面存在很大分歧，僵持不下。乡劳动管理站两位工作人员闻讯后及时赶赴东莞为这位务工人员维权。在当地劳动保障部门的支持、帮助下，两名工作人员经过不懈努力，依据国务院《工伤保险条例》和当地相关规定逐条核算，为这位务工人员家属落实工亡待遇29万元。

🔍 案例分析

> 　　常宁市是一个人力资源丰富的地区，但剩余劳动力数量大，如何把人力资源优势转化为经济优势，特别如何帮助农村贫困人口脱贫致富，帮助城镇"零就业家庭"实现至少1人就业，正是常宁市政府一直努力的方向。本案例中，常宁市市委、市政府把招工扶贫作为落实省委、省政府"为民办八件实事"和建设社会主义和谐社会的重点来抓，致力搭建就业平台，全面提高务工人员素质，全力搞好跟踪服务，努力致富千家万户，取得了实效。

十二、生态扶贫

　　所谓生态扶贫，是指从改变贫困地区的生态环境入手，加强基础设施建设，从而改变贫困地区的生产生活环境，使贫困地区实现可持续发展的一种新的扶贫方式。它旨在用可持续发展的观念，通过生态功能的逐步提升，为扶贫开发工作提供服务，从根本上提高农村扶贫的整体效果。生态扶贫有利于促进贫困地区经济发展与生态环境的良性循环，是经济发展、生态改善、农民增收"三赢"的可持续发展模式。或者说，生态扶贫是扶贫开发的生态文明视角。

 **案例一**

宁夏生态扶贫

　　为从根本上解决宁夏中南部地区贫困问题，按照"山上的问题山下解决，山里的问题山外解决，面上的问题点线解决"的思路，对生活在"一方水土养活不了一方人"（山大沟深、干旱缺水、生态失衡、就地解决贫困问题难度大、投入高）区域的贫困群众，宁夏于 2011 年启动并实施了"十二五"中南部地区生态移民搬迁工程。规划"十二五"期间，对中南部地区7.88 万户 34.6 万人实施移民搬迁，总投资 105.8 亿元，其中争取国家发展和改革委员会、财政部生态移民专项资金 50 亿元，自治区整合部门资金 24.8 亿元，自治区、市县地方财政 5 年共安排 25 亿元（包括社会捐助、企业捐助对口帮扶等资金），群众自筹资金约 6 亿元。到 2020 年，实现脱贫致富，移民人均纯收入接近全区平均水平，搬迁范围涉及宁夏中南部地区原州、西吉、隆德、经源、彭阳、同心、盐池、海原、沙坡头 9 个县（区）91 个乡镇 684 个行政村 1 655 个自然村。

　　自 2011 年生态移民工程实施以来，截至 2015 年底，已完成 7.65 万户 32.87 万人的移民迁任务，搬迁安置任务基本完成。通过采取"财政专列、社会投资移民自筹"等办法，共整合各类资金 101.372 1 亿元，其中国家专项资金 50.6 亿元（国家发展和改革委员会 20.6 亿元，财政部 30 亿元），自治区财政整合部门资金 40.890 7 亿元，移民自筹资金 9.881 4 亿元。坚持"全区盘棋"的思路，省级统筹资金安排，做到"六个统一"（即：统一管理办法，统一建设任务，统一投资标准，统一下达计划，统一组织建设，统一检查验收），县级抓好组织落实，确保了宁夏"十二五"中南部地区生态移民工程项目的顺利完成。

1. 广辟渠道整合资金，确保工程建设有序实施

按照"统一规划、统筹安排、渠道不乱、用途不变、各建其账、各记其功"的原则，充分利用现有资金渠道，加大项目、资金整合的力度，充分发挥整体效益。自治区财政坚持"依据方案、核定总量、以县为主、包干使用"的原则筹措和下达资金，全力保障生态移民工程项目资金，确保工程建设有序实施。在资金分配方面，严格执行预算，统一调度、均衡安排。统筹考虑年度建设规模和投资标准，根据整合资金的实际用途和工程建设性质调度资金。在资金安排上，采取滚动下达的办法，突出重点，合理安排，确保资金与项目同步，必要时实行资金先行预拨。

按照"起点高、定位准、风格特、功能全"的要求，坚持移民住房与基础设施、公共服务设施，统一规划，同步建设，整体推进，着力提升移民新村规划建设水平。加强对工程质量的监督检查，严格落实工程进度和工程质量责任制，努力打造质量放心工程、群众满意工程截至 2015 年底，已完成建成移民住房 7.75 万套，开发土地 227 万亩，建成通村公路 1 543 千米，架设供电线路 1 701 千米，建成村级组织活动及教育、卫生等公共服务设施 49.98 万平方米，同时，积极整合社会资源，解决工程建设中资金短缺的问题。中国天然气集团捐建中宁县宽口井移民安置区学校投资 1 620 万元，建筑面积 9 300 平方米，燕宝基金会在灵武市狼皮子梁、利通区五里坡、农垦渠口太阳梁、兴庆区月牙湖、贺兰县洪广镇高荣、平罗县五堆子、中卫市沙坡头区康乐、中宁县宽口井、大武口区星海镇隆湖六站、惠农区银善小区、青铜峡市广武、甘城子、红寺堡鲁家窑等 13 个安置区，捐建 13 所卫生院和 8 所学校，建筑面积 5.68 万平方米，投资 1.25 亿元。移民区公共配套实施更加完善，移民区道路硬化率、自来水普及率、供电保证率等均达到 100%，解决了移民

饮水难、出行难、上学难、就医难、住房难等一系列问题。

2. 整合资源，创新移民安置方式

近年来，随着宁夏工业化、城镇化、农业产业化进程的加快，以及沿黄经济区发展战略的大力实施，银川、石嘴山、吴忠、中卫市引黄灌区的部分农民已进城创业，农村出现了房屋闲置、土地转包出租、个别撂荒及劳动力紧缺等现状，这种经济社会发展的大趋势，为插花安置移民创造了机遇，提供了相应的水土资源和居住条件。为此，自治区出台《关于积极推进插花安置移民工作的通知》《关于加强生态移民工作的若干意见》《关于进一步完善生态移民工作政策意见的通知》等文件。按照文件精神，自治区按照户均12万元给予补助（含移民交纳的建房自筹资金1.28万元），主要用于住房建设补助、耕地承包经营权转让补偿、产业设施建设补助。按照插花安置移民标准，由安置县区包干使用。

插花移民的实施，加快了生态移民搬迁安置进程，盘活了部分村庄现有闲置资源，降低了生态移民的建设安置成本，减轻了乡村社会管理工作的压力，促进了移民思想观念的尽快转变，加快了生态移民脱贫致富的步伐。插花移民安置不用再投资建设配套的基础设施和公共服务设施，只需收储当地进城农户的宅基地、房屋和土地，可以使移民享有当地公共资源，减轻了安置地经济负担。同时，农村闲置住房面积大多在80~100平方米，特别适合安置"三代多人"家庭，可有效解决居住困难问题。截至2015年底，中卫市沙坡头区、平罗县、隆德县共计投资2.02亿元，插花安置移民1 681户7 838人，效果显著。

3. 加强完善政策措施及配套服务，确保移民稳得住

按照规划标准，有土安置，人均1亩水浇地，户均1栋设施农业；无土安置，到城镇就业，劳务移民由农民变为市民。

生态移民每户 1 套 54 平方米住房、劳务移民每户 1 套 50 平方米住房，移民个人每户缴纳建房款 1.28 万元，房产归个人所有。自治区党委、政府及相关部门和各市县区都相继出台了生态移民工程一系列配套政策，为推进生态移民提供了有力的政策保障，为推动工程有序实施提供了重要支撑。按照适度超前的原则，坚持基础设施、公共服务设施等与移民住房同步规划建设，确保"七通八有"（即通电、水、路、车、邮政电话、广播电视，有学校医务站、就业服务中心、超市、文化广场、村活动场所、环保设施、新能源）同步实施，让移民群众生活更便利。完善教育、医疗、社保等服务，签订土地承包经营等合同，颁发土地、房产等证书，解除移民后顾之忧，增强了移民归属感。通过"七通八有"建设，有效解决了移民村基础设施建设、生态环境改善和社会事业及公共服务等方面存在的问题，移民区面貌得到显著改善，移民群众生产生活水平得到大幅提升。同时，自治区多方筹措资金 1.56 亿元，给予搬迁移民取暖和水费方面的补助，切实解决移民群众的实际问题。

4. 培育和发展产业确保移民能致富

针对创新整合项目、整合资金移民区产业发展等问题，立足不等不靠，创新整合项目，整合资金的办法和措施，将整合到位的涉农、社会帮扶等项目资金，统筹安排，真正把有限资金用在刀刃上，提高了自我"造血"功能。进一步加坚持"谁主管、谁使用、谁负责"的原则，建立项目公告、公示制度，及时公示生态移民有关政策、项目和资金，主动接受移民群众和社会各界的监督，杜绝并严查扶贫资金挤占、挪用、截留、贪污等违法行为。各地以促进移民增收致富为核心，制定和实施移民增收致富计划，每户生态移民配套建设 1 座日光温棚（大中拱棚）或养殖圈棚，大力发展特色种养业；积极引进劳动密集型企业，着力培育农民专业合作社，以产业发展带动移民务工就业；加强技能培训，促进移民务工就业和自主创业，实现每户至少有一个增收项目、每户至少有一人稳定就业。通过各种扶持措施，移民生产生活条件得到改善，收入水平稳步提高。兴庆区月牙湖乡滨河家园以劳务产业为主体，引进中银绒业、爱飞翔兔业在移民安置区建厂兴业，建立"基地＋企业＋合作社＋农户"的模式，大力发展花卉和经果林，种植红树莓，并结合"万村千乡市场工程"建设商业网点和社区农贸市场，较好地解决了移民增收问题，金凤区良田镇和顺村发展设施温棚果蔬种植，着力增加移民收入。灵武市狼皮子安置区引进中银绒业、刺绣、草编项目，化解"五零六零"人员就业难问题。大武口隆湖六站劳务移民安置区，建立了人力和企业岗位资源库，设立夜校，劳务站，实现了户均2人就业。青铜峡市广武同兴村大力发展奶牛产业、葡萄种植，为移民增收与致富打下了坚实基础。盐池县惠安堡隰宁堡安置区布局与周边工业园区相结合，多渠道促进移民务工就业。中卫市沙坡头区龙湖安置区依托沙坡头景区发展观光农业和农家乐等旅游经济。隆德县清凉小区劳务移民安置区引进电动车、人造花场，帮助移民就近务工，千方百计增加移民收入等。截至2015年底，已累计建成大中拱棚和日光温室16 339亩，养殖圈棚31 894座，发展马铃薯、枸杞、葡萄、中药材等特色种植21.68万亩。同时，大力发展劳务产业，拓宽移民增收途径。累计开展教育培训12.55万人次，实现务工就业11.85万人。

5. 多措并举，筹措资金加强生态建设

为使扶贫搬迁实现消除贫困和改善生态的双赢目标，按照移民移出一片、治理一片、见效一片的工作思路，整体规划，分步实施，明确责任。采取新建林场管理或承包、租赁经营等形式，与国家和自治区重点生态建设项目相结合，"封、造、育、管"多措并举，积极探索经济效益与生态效益"双赢"的

生态恢复路子。一方面，移民迁出后，原有的土地收归国家或集体所有，用于恢复生态，进行退耕还林、退牧还草和围栏封育，既巩固了退耕还林成果，又达到了恢复生态的目的，实现了脱贫致富与生态建设的"双赢"。另一方面，迁出区人为破坏生态环境的行为明显减少，大大减轻了生态环境压力，使原有的林地、草地得到很好的保护，提高了水源涵养能力，遏制了水土流失，保护了生态物种的多样性，促进人与自然协调发展。截至2015年底，已通过设施拆除、封育、造林等措施，对移民迁出区230万亩土地实施了生态恢复。在迁入区结合新村绿化农田防护林带建设庭院经济、发展经果林等完成生态建设4.1万元亩。累计整合投入资金3.64亿元。

🔍 案例分析

宁夏移民重在生态，注重迁入和迁出两个方面的生态效益。紧紧围绕"搬得出，稳得住，管得好、逐步能致富"目标，按照"依据方案、核定总量、以县为主，包干使用"的原则整合资金，整合项目，做到任务到县、资金到县、职权到县、责任到县。各地各部门不断创新工作机制，积极完政策措施，强化服务管理，在工程建设的同时发展致富产业，稳步实施移民搬迁，搬迁移民收入稳步增长，生态移民工程进展顺利并取得了显著成绩。

案例二

广西生态扶贫

广西有49个贫困县（市、区），其中28个为国家重点扶持的贫困县。全区石山面积达8.95万平方千米。由于大肆的毁林开荒，石山区的自然资源与生态环境受到不同程度的破坏，水土流失逐年加重，旱涝灾害日益频繁，形成"生态破坏—贫困落后"的怪圈。多年来，广西一直致力于加快转变经济发展方式，将集约型经济的发展理念贯穿到区域经济发展、城乡建设和产品生产中，并注重不断提高人民群众经济高效意识、资源意识和环境意识，增强大家走可持续发展道路的自觉性，从而使资源利用效率显著提高，生态环境得到改善，可持续发展能力不断增强，促进了人与自然的和谐，推动了整个广西走上生产增效、农民增收、生态良好的文明发展道路。与此同时，按照政府引导、群众自愿、政策协调、讲求实效的原则，对居住在生态环境恶劣、自然条件差等不具备生存条件和地质灾害高发地区的贫困群众，实行"集中与分散结合"的搬迁办法，通过开垦宜农宜园荒地、调整现有耕地、依托城镇、依托产业发展基地、依托第三产业、山上搬山下等途径进行易地搬迁安置，取得了显著成效，使安置农户基本上解决了温饱问题，实现了脱贫和长期发展，使移民能够搬得出来，稳得下来。而移民原来生活的石山区，通过植树造林和封山育林，有效遏制了该区域的石漠化。具体做法如下：

1. 加大生态科技扶贫力度，积极扶持生态产业

当前，国家新一轮扶贫开发攻坚战已经启动，对贫困地区是莫大的支持和鼓舞。政府进一步加大对农业产业的科技扶贫力度，坚持依靠科技进步，强化科技带动作用，继续围绕蚕桑、药材、水果、畜牧、水产、竹子、茶叶、油茶等特色产业开展科技扶贫工作，引进、试验、示范和推广先进适用技术；鼓励区内外科技人才积极参与科技扶贫工作，建立一批科技服务型专家队伍，培育贫困地区农村科技中介咨询服务机构，完善科技信息、科技咨询社会化服务，加快科技成果转化和推广应用。把科教扶贫作为扶贫攻坚的重要抓手，大力推广先进适用技术，

大力开展职业技能培训，达到"培训一技、发展一人、脱贫一家"的目标。实施"雨露计划"扶贫培训攻坚工程，帮助贫困地区劳动力获取职业等级资格证书。产业扶贫是最根本最长远的扶贫。生态扶贫要立足资源优势，科学选定扶贫产业，广泛覆盖到贫困村贫困户，要充分发挥贫困地区生态环境和自然资源优势，推广先进实用技术，培育壮大特色支柱产业和推进旅游扶贫等。引导贫困群众从零星分散的产业开发转变为集约经营、连片规模开发和基地化建设；从粗放低端产品生产转变为生态有机产品生产、标准化生产、品牌经营；从重视种植、养殖环节转变为种养、加工、销售统筹考虑；强化通过扶贫龙头企业、农民专业合作和互助资金组织等带动贫困农户的产业发展。继续探索实施"县为单位、整合资金、整村推进、连片开发"试点工作，并进一步加强产业发展的后续服务，积极鼓励、引导、支持和帮助工商企业到贫困地区兴办利用当地资源带动贫困户增收的项目。

2. 重视生态移民教育

石漠化地区扶贫重在综合治理，必须实施扶贫开发工作发展方式的战略性转变。要注重增强扶贫对象的生存与发展能力，逐步向产业开发式和参与式扶贫的"造血型"扶贫方式靠拢。大力开展教育扶贫工作，尤其是加大大石山区贫困家庭子女就读职业学历教育的扶持力度，大力实施职业培训扶贫攻坚工程，帮助群众提高职业技能和就业能力。生态教育移民项目，可以通过资助贫困大石山区的小学毕业生到县一级中学寄宿就读，让山区孩子接受良好的教育，熟悉城市生活环境，增强进城就业谋生致富的能力，逐步达到一人走出去，带动一家人搬迁，逐步实现城镇化的目的。生态教育移民不仅是实现教育扶贫，更要实现农村人口向城市移民就业，以保护和恢复农村的生态资源和自然环境。

3. 重视民族生态伦理文化的可持续发展

广西少数民族传统生态伦理文化源远流长，其载体主要表现在宗教信仰、文学艺术、禁忌制度、村规民约等方面。应挖掘、整理、保护和推广广西少数民族传统生态伦理文化，为建设广西少数民族生态文明提供理论资源，为制定广西少数民族地区的经济发展规划、政策提供崭新的视角，实现广西少数民族地区经济、社会、环境的可持续发展。对广西各民族的道德文化传统进行发掘、整理和批判、继承，有利于增进广西各民族间的相互了解，思想文化交流，密切民族关系；有利于促进社会安定，经济发展；有利于提高广西各民族道德素质，加强精神文明建设，促进人、自然、社会之间的协调发展；有利于弘扬广西各民族优秀的传统生态文化，为广西少数民族特殊文化需求提供研究模本，从而推动整个广西民族文化的良性发展，为广西"十二五"取得经济效益与社会效益的双赢作出更大更多的贡献。所以，传承与弘扬民族生态文化，创建区域性生态文明，应该成为新时期生态扶贫工作的重点对策之一。

4. 谨防"生态扶贫"成为"生态返贫"

生态扶贫是好事情，但必须注意生态的"度"，如果仅仅为了保护环境而置当地人们的生活质量于不顾，这也是违背生态扶贫伦理要求的。某些地方让人扼腕让人苦涩的"生态返贫"，再一次暴露了"生态扶贫"补偿制度的时代局限性和滞后性。莫让"生态扶贫"成为"生态返贫"，这不仅是一句响亮的时代口号，更是时代赋予扶贫工作积极努力改进工作的总原则、总方向，也是生态扶贫工作要求的最低线和基本要求。如何才能让"生态扶贫"不再苦涩，不再因此"政策返贫"？一是尽快建立生态扶贫补偿长效机制，把生态扶贫补偿作为一项硬性的制度加以明确，尽量减少人为的不确定的因素，让群众吃下"定心丸"。二是建立物价涨跌补偿联动机制，把具体补偿数额与物价形势联系起来，合理确定补偿的增减幅度，增强补偿公平性。三是对以往补贴不足的地方进行重新评估，切实补偿到位。如此，修复的不仅是当地群众受伤的造绿之心，还是对"生态扶贫"制度的及时完善，更是以切实行动对我国绿化事业的有效推进。桂西石漠化地区属于连片特困地区，按照国家主体功能分区，属于限制开发或禁止开发地区。国家与广西应设立生态扶贫基金，避免在连片特困地区出现"生态致贫"现象，实现生态得保护、农民能致富。要按照谁开发、谁保护、谁受益、谁补偿的原则加快建立生态补偿机制，并加大重点生态功能区生态补偿力度。

经过长期的实践和探索，广西已经形成了"猪—沼—果"三位一体立体生态农业治理模式、种养与培育后续产业相结合的治理开发模式、异地扶贫搬迁模式等多种成功的石漠化治理模式，总结出了"封、退、种、沼、节、柜、异、输、加、养"石漠化治理"十字经"。实施生态扶贫工程10年来，广西实施退耕还林、公益林保护、石漠化治理、沼气池建设等工程，贫困地区生态环境明显改善。广西的石漠化综合治理工作颇有成效，不仅改善了当地的生态环境和生存空间，还是维护西江流域生态安全的一项重要措施。

🔍 案例分析

桂西石漠化地区扶贫开发顺应自然规律，重视石漠化治理，采取产业综合开发和生态环境建设两条途径和对策。为了顺利开展生态扶贫工作，必须在"山、水、人"三方面做文章。一是做好"山"的文章。把山多、资源丰富与产业扶贫、科技扶贫有机结合起来，积极探索科学种养模式，提高生态产业的开发效益。二是做好"水"的文章。河池、百色、崇左是广西最大的水电站库区，有丰富的水面资源，在做好水电开发的同时，要加大扶持库区发展特色养殖业的力度，促进库区移民增加收入。三是做好"人"的文章。围绕扶贫主导产业，抓好贫困村农民实用技术培训（包括优秀传统工艺的传承），切实增强贫困地区农民的自我发展能力，提高贫困村产业开发的科技含量。积极做好劳动力培训转移就业工作，继续减轻农村土地资源压力，在更大程度上增加农民收入。在新的形势下，扶贫开发对象更加广泛，内涵更加丰富，任务更加艰巨，工作更加繁重。深入开展生态扶贫开发，保障和改善民生，是深入贯彻落实科学发展观、实现富民强桂新跨越目标的迫切需要。这要求我们以更大的决心、更强的力度、更有效的举措，全力打好生态扶贫攻坚战。

 案例三

重庆"两翼"特困地区生态扶贫

重庆"两翼"特困地区指重庆秦巴山区云阳、奉节、巫山、巫溪、城口 5 县和重庆武陵山区黔江、酉阳、秀山、彭水、武隆、石柱、丰都 7 区县，幅员面积为 4.076 5 万平方千米，占全市总面积的 49.47%，2014 年总人口为 842 万人左右，占全市总人口的 25% 左右，是重庆典型的高寒边远山区、深山峡谷和石漠化地区。辖区以山地为主，区内山峦叠嶂、沟壑纵横，地势起伏较大，山高、坡陡、谷深，耕地面积缺乏，贫困村分布广、贫困人口多、贫困程度深、脱贫难度大，12 个区县均为国家级扶贫重点县，重庆市 80% 以上的贫困人口主要分布在这里。"八七"扶贫攻坚以来，重庆"两翼"特困地区虽然采取多项扶贫开发措施，但因自然条件很差，地质灾害频繁，生产生活环境恶劣，"一方水土难养一方人"，仍难以解决区域性贫困问题。自 2013 年重庆市创新性地推出并实施高山生态扶贫搬迁工程、把"两翼"特困地区作为高山生态扶贫搬迁的重点区域以来，经过三年扶贫攻坚，取得明显实效。

1. 整合扶贫政策，彰显扶贫效应

扶贫是一项系统工程，需要多项政策支持和多个部门联动。单就扶贫搬迁而言，国务院就先后出台了易地扶贫搬迁、生态移民搬迁、财政专项扶贫搬迁和农村 D 级危房改造等四项政策，涉及发改委、扶贫办、国土局、农委、林业局、城乡建委、财政局、规划局、环保局、公安局、人力社保局等多个部门协调。"两翼"特困地区较好整合了高山生态扶贫搬迁的四项扶贫搬迁政策、使政策整合效应凸显；各区县还成立了高山生态扶贫搬迁办公室，打破了各个部门之间的行政壁垒，不仅便于集中领导，统筹谋划，统一部署；便于搬迁对象集中搬迁、集中安置；便于公共设施和公共服务统一配套，而且便于生态集中修复和土地复垦，使扶贫效应彰显。据统计，2013—2015 年，重庆实施高山生态扶贫搬迁 53.8 万人，已完成搬迁安置 43.44 万人，其中贫困人口占 44.7%；启动建设集中安置点 1 718 个，建成 999 个。

2. 整合扶贫资金，提高扶贫效率

扶贫需要大量资金支持，但"撒胡椒面"式的资金投入方式是难以解决区域性贫困问题的。"两翼"特困地区根据重庆相关政策，从各区县实际出发，整合了财政扶贫资金及各类涉农专项资金、市级扶贫集团定点帮扶及"圈翼"帮扶等资金，并"打捆"使用，解决了以往行业、部门资金分散使用难题，提高了资金支出的扶贫效率。一是搬迁对象补助资金一次性到位，

深度贫困户还可享受政策叠加，这助推了群众的搬迁意愿。二是集中安置点公用基础设施和公共服务配套建设资金全面到位，打消了群众搬迁之后的生活顾虑。三是产业扶贫资金及时到位，打消了群众搬迁之后的就业顾虑。

3. 改善居住条件，提升幸福指数

"两翼"特困地区是全市贫困人口主要分布区域，其贫困乡镇村民在搬迁之前，居住的房屋普遍为木瓦结构，有的甚至还居住在土坯房中，人畜混杂，很不卫生。加之居住偏远分散，生存环境恶劣，水、电、路、通信等公共设施无法配套，普遍存在着出行难、就医难、上学难。而新的集中安置点，政府精心选址、统一规划，村民基本按"一户一宅"自主建设，户均占地在 70~90 平方米，房屋结构基本上为钢筋混凝结构，水、电、通信等基础设施齐全，还配套了学校、卫生服务和社区管理。安置点普遍位于公路主干道，出行方便，小孩上学、老人就医基本得到解决，搬迁农户的居住条件和生活面貌有较大改观，实现了安居乐业，幸福指数大为提升。

4. 优化生产环境，增加致富机会

"两翼"特困地区由于坡高谷深、道路崎岖，山区农业往往是"有地不能种，能种不能收"的境况，山区生产环境不佳，严重妨碍农民增收致富。而新的集中安置点，政府在选址时充分考虑了扶贫搬迁后续产业发展问题，各区县均因地制宜地把移民安置点建立在产业园区、旅游景区的周边，农村小集镇和乡镇政府所在地。搬迁之后，村民在新的安置点发展农家乐、乡村旅游，如云阳县龙缸清水土家族乡清水村安置点；建起大棚蔬菜、特色产品专业合作社，如巫山县两坪乡仙桥安置点成立了黄花产业专业合作社；有的安置点进入附近的农企打工等，生产发展条件改善，农民的收入也随之增加。新的安置点还助推小城镇发展，加强小城镇商贸辐射能力，推动山区经济发展。

5. 优化生态环境，集约山区土地

"两翼"特困地区属于石漠化地带，生态比较脆弱，滑坡及泥石流现象时有发生。在没有实施生态搬迁之前，有数量较多的村民居住在高山狭谷地区。由于条件限制，生产中挖山造田对生态破坏极大，生活用火基本上是就地取材，靠焚烧植被和秸秆为主，这不仅造成乱砍乱伐现象，破坏森林资源，还会对大气造成污染。而对生产和生活垃圾及废弃用水简单粗暴的直接倾倒在室外或河沟，必然严重污染当地的水资源和生态环境，造成生态环境更加脆弱。搬迁到新的安置点后，居民普遍使用煤气和液化气等清洁能源，污水、粪便、生活垃圾等都集中处理，大大减少了对环境的破坏，人们的生活观念和环保意识得到提升，保护环境、爱护环境必将蔚然成风。此外，搬迁集中安置之后，大量山区土地集约出来，据有关部门估算，前后大约能节约出 50% 的土地出来。农村土地集约化经营，将极大推动山区经济发展。

🔍 **案例分析**

高山生态扶贫搬迁是重庆市委、市政府从区域差距巨大的市情出发，整合国家出台的易地扶贫搬迁、生态移民搬迁、财政专项扶贫搬迁和农村D级危房改造等四项政策，为实现搬迁脱贫和保护生态"双重"目标而推出的一项特殊政策。搬迁对象是居住在深山峡谷、高寒边远山区和石漠化地区，生存环境十分恶劣，水、电、路、通信基础设施不完善以及居住地属于重要生态修复区的居民。搬迁目标是"搬得出、稳得住、逐步能致富"。这是重庆市在社会主义新农村建设和新型城镇化背景下推出的，促进贫困人口走上自我发展、脱贫致富道路的一项创新性举措，对于我国消除贫

困、实现全面小康具有重要意义。它是"精准扶贫"的一种新模式，一条新途径、"釜底抽薪除穷根"的一种新举措，更是"一举多赢"的一种新办法。高山生态扶贫搬迁在短时期内取得了丰硕成就，不仅帮助贫困山区群众脱贫，居住条件改善，生活水平提高，使山区基础设施、乡村产业得到较大提升，助推山区农业进一步发展，而且集约出大量土地，有效保护了生态环境，既留住了绿水青山，更获得了金山银山。

十三、科技扶贫

科技扶贫是针对贫困地区生产技术落后和技术人员缺乏的状况提出的。**一是强调自我发展。**以市场为导向，以科技为先导，引导贫困地区合理开发资源，将资源优势转化为经济优势，同时努力提高贫困农民参与市场竞争的能力，实现自我发展的良性循环。**二是注重引进成熟、适用的技术。**农业技术具有强烈的地域性和适应性，科技扶贫在向贫困地区引进技术时，必须是成熟技术，而且要适合贫困地区的实际情况。**三是注重将治穷与治愚相结合。**科技扶贫通过农业、科研、教育三结合等形式，一方面建立健全科技示范网络、组织开展各种类型的培训；另一方面建立全国农村科普网络，大力开展科普宣传，弘扬科学精神，提高农民素质。

 案例一

湖北英山科技扶贫

湖北省英山县位于湖北省东北部的大别山腹地，面积 1 449

平方千米，人口 40 万人，一直是国家级贫困县。自 1986 年国家倡导实施"科技挺进大别山"，科技部在英山县连续开展科技扶贫 30 年，立足茶叶、中药材、蚕桑、板栗等特色产业，注重基层科技服务体系建设，提升贫困人口自我发展能力，为英山县的扶贫开发和县域经济社会发展提供了有力的科技支撑和引领。

30 年前，英山县是一个典型的交通不便、信息闭塞、资源匮乏、田瘠地贫的贫困县，财政收入不足 1 000 万元，年年赤字。全县 30 万人口中，有 16 万人温饱得不到满足，农村楼房入户率为零。全县人均不到 0.6 亩耕地，以种植粮食作物为主，经济作物没有任何特色，茶、桑收入占农民收入不足 10%，完全处于"养猪为过年，种田糊不了肚儿圆"的贫困境地。

如今，英山县在湖北省县域经济排名上升近五十个位次。城镇居民人均可支配收入和农村人均纯收入分别达到了 18 670 元、7 315 元，全县地区生产总值、社会固定资产投资、地方公共财政预算收入分别达到了 78.55 亿元、73.79 亿元、3.34 亿元，走在了湖北省山区贫困县的前列，成为"全国第四、湖北第一产茶大县""全国思想道德建设先进县""湖北生态旅游强县"和"新农村建设先进县"。实体产业和新型产业成为财政收入的主要来源，税收过 500 万元的企业已经达到了 8 家，茶叶蚕桑加工、药材贸易成为新的税源增长点。现行扶贫标准下，尚有贫困村 78 个，贫困人口 10.7 万人。

1. 主要做法和成效

（1）发展壮大特色产业，提高产业脱贫带动能力。在深入调查研究的基础上，科技部最早锁定茶叶产业作为扶贫的突破口和切入点，重点支持其成长为当地经济发展、农民增收的主导产业。在扶贫团和专家的指导下，英山县围绕茶产业进行了一系列技术革新，引进新品种，示范新技术，开发新产品，拓展新市场，带动英山茶产业逐步壮大，茶农的收入也不断提高。茶园面积由 30 年前不足 3 万亩增加到 2015 年底的 23.48 万亩，亩平均收入由 30 年前可比价 200 多元增加到 4 800 元，产品类别由 100% 普通低档绿茶到名特优茶份额占 40%。如今，英山县 8 万多农民从事茶叶生产，茶叶系列产品收入超过 14 亿元，财政收入的 30% 和农民纯收入的近 40% 都来自茶叶。与此同时，中药材、板栗、蚕桑等涉及农民多、市场需求旺的产业也在科技部的支持下成为当地农民重要的收入来源。

（2）提高农民科学文化素质，培养脱贫致富带头人。 30 年来，围绕提高农民素质和致富技能所开展的活动从未间断。历届科技部扶贫团共邀请专家主办专题讲座 398 场次，开展远程培训 137 次，引进专家现场指导 234 场次，选派技术骨干进入高校学习 312 人，组织 620 多人外出考察学习 116 次，帮助建立村级致富读书室 44 个。长期持久的科技扶贫努力，已经日益显现出明显效果，成为农民脱贫致富的"持久动能"。

万雨露就是一个典型的例证。万雨露是英山县的地道农民，各种培训帮助他全面掌握了药材种植技术。1995 年，他率先在英山县引进苍术药材品种，开展苍术规范种植示范，带动陶河乡成为中药材种植专业乡，仅苍术种植面积就达到了 5 200 亩，年产值 3 000 多万元，有 1 000 多个农户受益，每户年收入不低于 2 万元。

（3）建设服务本地的人才队伍，完善基层科技服务体系。每年，各级科技部门围绕扶贫产业向英山县选派了科技特派员 50 人，和本地农技人员共同组成 90 人的科技服务团队，直接服务贫困乡村和贫困群众。先后建成了县域综合信息服务平台一个、村（企）信息服务站点 30 个，与部门合作在电视、手机等系统中开设科技之窗、惠民天地等专栏，形成了天（无线网络）、地（电视广播）、人（服务团队）"三网合一"的县域科技服务体系，带动社会创新创业能力逐渐增强。例如，2000年科技部从湖北省农科院请来专家到科技扶贫示范村东冲河村。该专家引进了自己培育的猕猴桃新品种，指导建设示范基地30亩。2003年挂果后，亩平均产量就达到了2 000多斤，收入3 200多元。2006年该村实现整体脱贫。

2. 科技扶贫的主要经验

一是紧紧围绕地方党委政府的中心工作出谋划策。每年科技部都邀请湖北省内外甚至是国内外的专家来英山，围绕英山县委县政府关心的大事、难事、急事开展调研，深入研讨，建言献策，帮助县委县政府科学决策。先后举办过茶叶、板栗、茧丝绸、中药材等产业研讨会。同时组织英山县的党政领导和技术人员走出去，解放思想，开拓思路，建立与发达地区合作共赢的关系。

二是围绕贫困群众的增收，产业持续投入科技资源。在确立茶叶作为科技扶贫主导产业之后，科技部根据不同阶段的产业技术需求，陆续实施了国家星火计划项目27个、农业成果转化项目和科技富民强县项目8个，解决茶业产业链上各类技术问题36个。30年来，科技部支持英山县的科技项目，98%用于解决扶贫产业的技术瓶颈和建设县域科技服务平台上，形成了"依靠科技发展产业，依靠产业带动脱贫"的科技扶贫模式。

三是加强内引外联提升县域科技服务和创新能力。在实施科技扶贫过程中，科技部共帮助英山签订县校（院）、企校（院）、村（校）、局校（院）合作协议46份，建立科技合作关系58对。通过科技合作引进转化科技成果167项，解决技术难题208项，为英山开发新产品36个，新技术121项。引进院士4人，组建茶叶等院士工作站3家；引进博士8人，组建石斛博士工作站4个；引进技术带头人21人，建设校企合作研发中心11个。

四是通过示范带动提升贫困乡村自我发展能力。重点建设了五大产业的科技示范基地 5 个，五种发展模式的科技示范村 5 个，五大领域的信息化示范点 5 个，五种类型的科技示范企业 5 家，简称为"4 个 5"科技示范。科技示范基地重点围绕茶叶、药材新技术、新品种引进与开发进行示范。科技示范村重点围绕一村一个特色产业、一村一个经济实体、一村一个惠民项目开展集成技术应用示范。信息化突出实用技术、电子商务、物联网、医疗、企业现代化管理进行示范。科技示范企业则开展高新技术培育、研发团队建设、科技合作模式、管理经营模式等内容示范。

英山县乌云山茶叶公园是一个科技扶贫的缩影。30 年前，该公园 120 亩茶园零星分散在沙丘岗地，亩平均收入不足 100 元。1986 年科技部在乌云山开展一系列茶叶产业技术示范，先后推广了福鼎大白茶、速生密植栽培、茶叶清洁化加工、无性系茶苗繁育等新品种、新技术，带动茶叶面积由 120 亩扩大到 730 亩，茶树良种率由 0 上升到 50%，无公害茶认证由零上升到 600 亩，茶叶亩平均收入由 100 元提高到 8 000 多元。

3. 科技扶贫的长效机制

一张蓝图画到底，一届接着一届干。围绕有利于英山县扶贫产业发展，构建科技扶贫的长效机制。

一是科技扶贫团连续选派机制。30 年来，科技部向英山县连续选派了 28 届科技扶贫团。下派的挂职干部和扶贫团负责人，都是事先征求英山县意见后，根据特色产业发展急需解决的关键技术问题，确定对口部门和人员，确保扶贫团有足够的专家资源、项目资源、技术资源来支撑解决英山提出的需求。28 届扶贫团中，具有农业、生物医药、高新技术等专业背景的人员占到了 98%。

二是科技扶贫科学决策机制。确立英山县茶叶产业主导地位、药材和蔬菜产业副主导地位，是经过地方党委政府和多届扶贫团组织家严格科学论证逐步完善的产业发展规划。1986年，当时英山县提出了板果、蚕桑、畜牧等多业并举的发展思路，实践证明没有任何特色。科技部扶贫团主动介入，组织专家多次论证，认为英山县适合发展茶叶，最终茶叶成为英山县农民收入的主要来源。之后，凡是涉及特色产业区域布局、主导产业、补充产业、技术创新等问题，都通过扶贫团邀请专家与县委县政府一起商定。

三是科技扶贫上下联动机制。对英山县的科技帮扶，凝聚了科技部、湖北省科技厅、黄冈市科技局等三级科技部门的集体力量。湖北省科技厅牵头湖北省八家单位在英山县实施"脱贫致富奔小康工程"，并从1986年指导湖北省农科院向英山县选派科技副县长。黄冈市科技局将英山县列为市科技扶贫重点县，从项目申报、活动指导等各个方面都给予倾斜支持。英山县委县政府每年专题研究科技扶贫工作，县长书记亲自向科技部汇报工作，尽最大努力保障县科技局的人员配备和办公条件，与各级科技管理部门形成了紧密而默契的工作关系。30年来，通过四级联动，共同解决了可持续发展试验区、科技特派员试点县"三区"人才选派等事项87个。

四是科技扶贫目标管理机制。每个科技扶贫项目以产业需求为导向，选题、立项、实施、验收等过程管理环环相扣，对照任务计划，进行目标考核，确保一个项目至少突破一项新技术。30年来立项实施的科技扶贫项目中，65.3%的技术得到了大面积推广应用，每年产生的效益过亿元。科技部对扶贫团的管理也很严格，每届扶贫团年初有计划，年中有检查，年底有总结，前后有交接。通过几届扶贫团连续跟踪支持完成了英山县设施蔬菜种植技术引进与熟化、茶叶清洁化加工等具有突破性的工作11件。

案例分析

　　英山县的科技扶贫工作以扶贫产业为落脚点，以提升贫困乡村和贫困人口自身发展能力为主线，突出科技的特色，发展特色产业，引进新技术品种，茶产业发展势态良好，帮助英山县实现经济社会可持续发展。

案例二

冀西北坝上地区科技扶贫

　　在总结历史经验和充分调查研究的基础上，冀西北坝上地区提出其科技扶贫开发的整体思路是：依靠科技进步，采用大科技支持大农业，实行人口—资源—环境—资金—效益协同共进，充分发挥资源优势，协调资源要素，趋利避害。一抓科学技术宣传，二抓科技示范；三抓特色产业；四抓科技培训；五抓科技推广。通过区域经济发展，改善生态环境，增强农业持续发展的后劲，走出一条可持续发展的脱贫致富的道路。

1. 实施科学技术宣传活动

　　冀西北坝上地区农民思想保守，观念守旧，他们不愿冒险，不愿接受新技术，因此要让他们相信科学，应用技术，就必须通过走村串户，深入田间地头，了解农民生产生活现状及困难，急农民之所急，想农民之所想，对症下药，通过新技术的推广应用，为农民排忧解难。让农民真真切切地感到科技扶贫的实惠，感受到农业产量大幅度提升，经济收入成倍增加，产业规模的不断壮大。在大力宣传科学技术的同时，要坚持以广大贫困农民为本的方针，坚持一切为了农民，一切为了农民的根本利益。在不断提高贫困地区农民的综合素质，特别是科技文化素质的同时，不能强迫农民改变现状，应让农民了解到科技扶贫所带来的好处，要鼓励和引导农民按照自愿的原则加入到科技扶贫的大军中，自愿地去接受现代科技和掌握应用现代科技的能力，成为具有科技意识和创新精神的新一代农民。

2. 实施贫困乡村科技扶贫示范活动

应针对冀西北坝上贫困地区农村不同类型特点，帮助其制定具有针对性的脱贫与自身发展规划。结合科技扶贫项目，通过参与式扶贫，建立科技扶贫示范区，在示范区集中进行贫困人口的科技素质培训，并针对示范区生态环境保护与建设、生产发展、生活改善等方面需要，输送适用、高效技术，通过全方位技术推广与服务，根本改变示范区经济、社会、文化极度落后的面貌。利用科技扶贫示范区的带动作用，并结合其他科技扶贫项目，加快周边贫困地区的脱贫步伐。以技术创新为根本动力，以市场为导向，以产业结构调整为手段，综合开发示范区经济资源，发展特色产业，帮助示范区改善基本生产和生活条件，切实提高农民收入，从而进一步巩固扶贫开发成果，实现贫困地区从温饱向小康的跨越。

3. 实施科技型特色产业促进活动

根据坝上地区农村资源优势、市场前景和技术水平，在不同贫困地区选择具有发展前景的特色产业，给予技术、信息等方面的支持，促进其发展壮大，从而带动当地经济发展，加快农民脱贫。所支持的产业应当具备环保、无公害等标准，并对当地经济具有较强的带动作用；所支持的企业应采用产业化经营方式，并尽可能带动广大贫困人口共同获益。要积极为特色产业发展提供技术、培训人才、寻找市场，带领当地农民脱贫致富。

4. 实施科技培训和科学普及活动

针对冀西北坝上地区干部、群众科技素质低，科技意识薄弱的问题，动员、组织科技人员深入贫困乡村，通过实地指导、技术培训、媒体宣传等多种形式，向农民传授科技知识，帮助解决生产中遇到的技术问题；针对冀西北坝上地区农村的地理文化因素，经济发展缓慢，经济基础低下，科学生产技术难以快速、有效地传播的实际情况，应加快该地区服务体系和教育培训体系建设，完善信息渠道，促使先进科学技术的快速传播。通过聘请专家指导、开设技术学校、组织基层干部群众学习交流，建立教育培育体系。在组织农民进行技术培训时，要密切结合贫困地区的资源优势和特色产业，从建立示范基地所产生的经济效益做起，让农民看得见、摸得着，提高培训实效，提高农业生产的科技含量。

🔍 案例分析

通过本案例，不难看出科技扶贫是一项复杂的社会系统工程，要取得良好效果，就必须在机制上求创新，体制上求改革。实践表明，科技扶贫在引导广大贫困农民依靠科技破除迷信、摆脱贫困、走向富裕发挥了重要作用，如果只是单纯地强调农民需要技术和把技术送到农民手中，而没有完整的制度设计和政策支撑，最终都将演化为政府和科技人员的"一厢情愿"。因此，科技扶贫重在创新运行机制，只有通过创新机制，才能提高扶贫效益。

 案例三

宁夏六盘山连片特困地区科技扶贫

科技扶贫是我国行业扶贫的一种有效形式。依靠科技进步促进贫困地区经济发展，帮助贫困人口脱贫致富是科技扶贫的出发点和根本目标。多年来，宁夏坚持把科技扶贫作为扶贫开发的重要手段来抓，科技扶贫已成为西海固地区反贫困实践中最具特色的部分。

1. 注重战略部署，科技扶贫成为西海固地区扶贫开发战略的重要内容

早在《宁夏双百扶贫攻坚计划（1994—2000年）》中，宁夏就明确提出了针对西海固地区的"科技承包、科技培训、科技扶贫项目推动、科技扶贫示范"科技扶贫战略。在《宁夏农村扶贫开发规划（2001—2010年）》中，提出要将科学技术推广和运用上升为西海固地区扶贫计划制定、项目确定中一项必须开展的重要工作。在《宁夏回族自治区扶贫开发"十二五"规划》中再次提出要通过加快农业技术培训、科技信息服务、新品种新技术推广应用、科技示范的科技扶贫等四轮驱动，努力提高科技对西海固地区扶贫开发的贡献率。2011年，宁夏区党委、政府制定了针对西海固地区100万贫困人口的"分类施策、分类扶贫"脱贫致富措施，其中对于不具备发展条件环境、不适宜居住的35万扶贫对象实施异地搬迁扶贫；对65万具有就地发展条件的贫困人口实施基础设施到村、产业项目扶持到户、培训和转移到人、帮扶责任落实到单位的"四到"扶贫措施，扶贫措施的每个环节都有明确的科技支撑内容。

2. 依托重大工程，使科技扶贫的思路在西海固地区落到了实处

（1）组织实施"千村扶贫开发工程"，有效提高了贫困地区的劳动力素质。"十一五"以来，宁夏启动了扶贫攻坚科技服务行动，持续在六盘山片区宁南8县的农村党员、基层干部和科技示范户中开展科技知识和市场经济的教育和培训活动。在第一轮第一阶段的扶贫攻坚科技服务中，自治区组建了一支由区内外专家和科技工作者组成的科技专家服务团，在宁南山区

8 县共举办配套技术科普讲座 120 多场，内容涉及生态林建设、中药材种植、优质牧草栽培、脱毒马铃薯繁育、种草（小尾寒羊）养殖技术、优质牧草青贮技术等多个主导产业。同时，还举行了资助贫困地区子女上大学、选派科技人员到贫困地区开展技术承包、组织结对帮扶等系列活动，在提高贫困人口素质方面产生了很好的效果。

（2）启动科技脱贫致富指导员"百人团"工作计划，有效解决了西海固地区贫困村缺乏致富带头人和领路人的问题。针对如何贯彻落实好 2011 年中央扶贫开发工作会议精神，宁夏积极探索在各级党政机关和科研单位选派贫困村脱贫致富指导员，帮助贫困村抓好扶贫开发工作。2012 年从区内科研院所、高校、涉农事业单位及市县科技系统选拔百名科技人员，进驻西海固地区 100 个贫困村开展一对一帮扶工作。选派科技脱贫致富指导员进驻这些贫困村定点帮扶，以科技创新驱动扶贫开发，实现了科技服务与基层需求的紧密结合，促进了科技工作重心下移、进村入户，在解决西海固地区贫困村缺乏致富带头人和领路人问题方面发挥了积极的作用。

（3）实施科技支撑专项，优势特色产业成为西海固地区科技扶贫的重要载体。立足六盘山连片特困地区自然资源特点，宁夏在西海固地区围绕促进特色支柱产业的发展，不断调整科技扶贫的内容和方式，从单一走向集成配套，提供产前、产中、产后的全套系列化技术服务，先后培植了一批适度规模的特色产业，并围绕特色产业优新品种选育、高效栽培、病虫害防治、产品加工等组织实施了一批科技扶贫支撑项目，有效地带动了贫困地区的经济发展。仅以西吉县为例，在西北干旱区现代马铃薯种薯产业发展关键技术研究、牧草产业开发关键技术研究与示范、西吉县西芹产业综合开发技术研究与示范等科技专项的有力支撑下，马铃薯、西芹、草畜等产业快速发展成为该县增加农民收入、推动县域经济发展的三大主导产业。2012年该县农民从事三大主导产业的收入占总收入的43.8%。

3. 建立协作关系，对口帮扶成为西海固地区科技扶贫的新渠道

根据党中央、国务院的统一部署，从1996年起，六盘山地区就与福建省形成了对口扶贫协作关系，建立了一年一度的对口扶贫协作联席会议，确定福建沿海8个经济较发达的县、市、区与西海固地区8个国家级贫困县结对帮扶。扶贫协作关系建立以来，针对西海固地区农村科学技术应用落后的情况，福建省动员省属科研部门利用科学技术开展扶贫活动。其中，福建农林大学菌草研究所在试种蘑菇获得成功后，将菌草技术列为闽宁扶贫协作的重点项目，先后派出10批近200名技术人员到西海固地区传授菌种植技术，发展菌草种植农户1万多户。一些贫困农户通过种植食用菌，走上了一条由传统型农业生存转变为依靠科技型农业致富的道路。

4. 重视信息能力建设，信息扶贫成为西海固地区科技扶贫的新形式

信息闭塞是制约六盘山连片特困地区生产力水平的主要因素之一。"十五"以来，宁夏创办了"农业科技110"服务网络，以专家免费坐诊指导、网络查询、视频诊断等形式提供信息服务、技术培训。为了进一步提升"农业科技110"信息服务模式的发展质量，宁夏依托国家科技支撑计划"西部民族地区电子农务平台关键技术研究及应用"项目的实施，开通了"12396"全区统一服务号码，建立了国家宁夏农业星火科技12396信息服务平台。截至2012年底，已在全区22个县建立完善了600多个农村科技信息服务示范点；开发完13大类45个数据库和42个信息服务网络版系统，发布供求信息25多万条，实现了宁夏特色农业产业生产管理的智能诊断。

5. 重视创业式扶贫，科特派成为西海固地区联结科技与农户的新桥梁

目前，宁夏在探索科技服务"三农"的新机制方面，已形成了行政、社会、市场三线推进的科技特派员"宁夏模式"，先后受到国家有关部委及外省市的充分肯定和高度关注。"科特派"创业式扶贫实现了科技与"一家一户"小生产的有效结合，极大地提升了西海固地区农业科技含量、组织化程度以及和市场的有效联动，在服务"三农"、培养造就新型农民方面发挥了特殊作用。2011 年以来，宁夏向 120 个现代农业示范基地下派了 287 名科技特派员和 30 个科技特派员专家服务团开展技术服务。在已完成的以西海固地区贫困户为重点对象的 30 个生态移民新村中，安排科技特派员 102 名，真正实现了"做给群众看、带着群众干"的愿望。

案例分析

从六盘山区片区西海固地区长期的扶贫经验来看，单纯靠传统的救济性、福利性扶贫解决贫困人口的生活保障问题，只能是一种短期帮扶解决温饱方式，这种扶贫方式解决温饱后返贫率高，再生性差，对于贫困人口来讲，只是被动地接受帮助和捐献，难以改善生产条件。即使有个别人能改变一般的生产条件，但也难以抵御自然灾害的侵袭，随时都有返贫的可能。因此，从六盘山区西海固地区扶贫开发的实践来看，要实现贫困人口最终摆脱贫困这一长期而艰巨的任务，必须推进创业式扶贫，以科技创新驱动新时期扶贫开发，真正树立科教兴农和科技扶贫的思想，提高贫困人口的自身素质，使之具备积极参与致富活动的能力和条件。

十四、平台协作扶贫

平台协作扶贫是借助包括互联网等在内的平台媒介，区域合作，共同发展，带动贫困地区改善民生，摆脱贫困的一种扶贫方式。是推动区域协调发展、协同发展、共同发展的大战略，旨在加强区域合作，优化产业布局，是实现我国先富带后富，共同富裕，打赢脱贫攻坚战，完成精准扶贫的一项重要举措。

 **案例一**

江苏省南京市对口帮扶青海省
西宁市东西协作扶贫

1. 东西扶贫协作整体思路

（1）**指导思想。** 按照"优势互补、互惠互利、长期合作、共同发展"的思路，围绕"到 2020 年同步全面建成小康社会"的总目标，以帮助提升西宁市自我发展能力、保障和改善底线民生与基本民生为核心，以帮扶资金扶贫、产业合作、劳务协作、人才支援、助学助医、社会力量参与六大任务为抓手，精准聚焦、精准施策、精准发力，高起点、高水平开展南京西宁东西扶贫协作工作，形成市上牵头协调、三县推动落实、部门协同推进、全面协作的关系，不断增强受援地区人民群众的获得感，全力帮扶西宁市打赢脱贫攻坚战。

（2）**基本原则。** 坚持平等共商与互惠互利相结合。本着区域协调发展、协同发展、共同发展的东西扶贫协作新理念，建立平等、合作的协作关系，双方坚持平等相待、相互尊重，共商精准扶贫大计、共建合作平台、共享合作成果；立足帮扶双方实际情况，促进两地生产要素的双向流动和优化组合，实现优势互补、长期合作、互利共赢。

坚持政府主导与市场引导相结合。帮扶双方党委和政府要加强对东西部扶贫协作工作的领导，建立完善的东西扶贫协作工作体制机制，在政府提供政策引导和协调服务的同时，发挥市场在产业协作领域的引导作用，广泛动员党政机关、企事业单位和社会力量参与，形成帮扶合力。

坚持总体部署与项目带动相结合。以东西扶贫协作的资金扶贫、产业合作、劳务协作、人才支援、助学助医、社会力量参与六大主要任务为总体部署，强化项目带动，将帮扶资金重点投向带动贫困人口脱贫增收的产业发展项目，培育和壮大贫困地区特色产业、培育贫困人口自我发展能力，协助西宁打赢脱贫攻坚战。

坚持扶贫开发与扶志开智相结合。既要加强产业项目和公共服务设施建设帮扶，给予物质支持，更要加大教育扶持、促进优先就业，借发展"扶志开智"，提振群众"精气神"，激发贫困群众自我发展的内在动力，以"富脑袋"实现"富口袋""拔穷根"，切断贫困代际传递，彻底改善贫困落后面貌。

坚持底线民生与基本民生相结合。东西部扶贫协作既要聚焦脱贫攻坚，实现精准扶贫、精准脱贫，也要在科、教、文、卫等各民生领域的交流合作中提升西宁的各项民生事业，以"底线民生"为困难群众做生活托底，以"基本民生"保障城乡居民各方面的基本权益，把西宁老百姓的民生保障从低层次向高层次发展不断递进。

（3）发展目标。经过帮扶双方不懈努力，推进东西部扶贫协作和对口支援工作机制不断健全，合作领域不断拓展，综合效益得到充分发挥，到 2020 年，合力打造一批经得起检验的精品工程、民生工程和示范工程，共建一批引得进企业、留得住企业的园区平台，助力一批具有高原特色的优势产品和品牌出山，帮助培养一批带不走的紧缺型人才，帮扶西宁现行标准下

72 687名农村贫困人口全部脱贫，贫困县全部摘帽，解决区域性整体贫困，有效提升西宁市的"造血"功能，不断增强西宁发展能力，帮助西宁实现与全国同步全面建成小康社会的目标。共同构筑"大旅游、大健康、大文教、大商贸＋新工业、新农业＋精准公共服务"模式。

2. 东西扶贫协作主要任务

（1）用好帮扶资金扶贫。 明确资金管理使用原则。统一筹措、统筹分配资金，扶贫协作资金由江苏省财政统一筹措，资金分配以各受帮扶县（区）建档立卡贫困人口为主要依据，兼顾地区间平衡。总量控制、根据项目分切，根据帮扶资金使用量安排帮扶项目，确保项目需帮扶投资量不超过南京市可用帮扶资金量、帮扶资金可足额保障南京市帮扶项目。

提高项目资金使用效率。帮扶资金原则上与西宁的扶贫资金整合"捆绑"使用，要选择能够带动贫困群众直接增收的产业项目和减少贫困群众支出的公共服务项目。

帮扶资金集中有效使用。受帮扶区县要将帮扶资金安排到最需要的领域和地区，集中实施项目，提高南京市帮扶资金使用效率。同时，根据项目前期状态、工程实施条件以及各相关行业政策变动等因素，对项目进行适当动态调整，确保帮扶资金有效使用。

（2）推动产业扶贫合作。 发挥两市各自优势，加强优势产业上下游协作，共同推进供给侧改革，聚焦全域旅游、高原生物健康产业、新能源、新材料、电子商务、文化创意、现代农业7大产业，探索"总部＋生产基地"模式，通过共建六类园区、七大平台，实现两市产业"链式整合、集群支撑、协同发展"，共同提升两市产业竞争力。

（3）推广劳务协作扶贫。 促进就业，深入推进职业教育和劳务合作。充分利用南京市优质职业教育资源，创新职业教育帮扶模式，帮助提升贫困人口就业技能，建立健全劳务培训输出合作对接机制，力争形成培训输出"帮扶一人、致富一家、带动一村、影响一片"的良好效果。到2020年，帮助西宁市培训移民致富带头人、专业技术人员及各类实用型技能人才和创新创业人才达800人次。

（4）强化人才支援扶贫。 坚持"走出来"和"请进去"相结合、帮带与传承相结合，突出素质技能培训，开展多层次智力帮扶合作，为西宁培养经济发展所需的紧缺人才和技能型人才，促进西宁自我发展。到2020年，累计干部双向挂职交流的人才达40人，干部跟班学习达200人。

（5）开展助学助医扶贫。 坚持软件与硬件相结合，瞄准西宁公共服务关注焦点，全面推进教育和医疗卫生对口帮扶，帮助改善贫困群众教育医疗条件，切实帮助减少因学致贫、因病致贫等现象。到2020年，教育和医疗领域优秀人才的交流互换达150人左右。

（6）动员社会力量参与。 丰富民间交流合作形式，引导有能力、有意愿的社会力量参与对口帮扶和交流合作。鼓励各类志愿者赴西宁开展帮困助学、结对共建、支教支医等志愿活动。协助提升西宁老龄事业工程，实现贫困学生精准帮扶。南京市政府每年组织中国500强企业及慈善基金组织赴西宁考察投资、助力扶贫。

案例分析

　　东西扶贫协作是个长期工程，也是推动区域协调发展、协同发展、共同发展的大战略，为保障东西扶贫协作工作有效开展，必须做好组织领导、完善机制、政策支持、考核评估、宣传引导等方面的保障工作。

 **案例二**

江苏"五方挂钩"平台协作扶贫

江苏属于东部沿海省份，省内区域经济梯度发展特征明显，苏北部分地区经济发展相对滞后，全省80%以上的经济薄弱村和低收入人口集中在苏北。由于在国家部署开展的各个扶贫开发重大行动中，江苏都没有国定贫困县和贫困村，扶贫开发所需巨大投入，均由地方筹集。为确保扶贫开发取得预期成效，在坚持省级财政投入为主体的基础上，从1995年开始，江苏省通过建立"五方挂钩"帮扶机制，广泛动员组织社会力量参与扶贫开发，汇聚扶贫合力，加大支持力度，成效与作用都很显著。

1."五方挂钩"帮扶机制成效

"五方挂钩"帮扶机制已坚持二十多年，对江苏省扶贫开发取得明显成效发挥了不可替代的作用，也成为江苏省推进社会力量扶贫开发的重要品牌。以"十二五"扶贫开发为例，省委、省政府对苏北19个县（市、区）建立了"五方挂钩"帮扶小组，有247个单位参与挂钩帮扶，其中，省级机关部门91个，部省属企业74个，高校科研院所54个，苏南发达县市28个。2012—2014年，247个单位累计投入各类帮扶资金（含实物折价）74.39亿元，其中，无偿资金10.51亿元，项目资金63.88亿元。实施各类帮扶项目4 397个，其中帮村项目3 393个。到苏北开展扶贫现场办公1.49万人次，其中单位主要领导2 583人次。实践证明，这一机制充分发挥了政府、社会、市场等多方面重要作用，通过利用机关、院校、企业、苏南地区的人才、技术、管理、信息、资金设备等优势，有效帮助了苏北经济薄弱地区调整经济结构，开发资源优势，发展优势产业，极大增强了经济薄弱地区的造血功能和内生发展动力，低收入农户人均年纯收入增幅连续多年高于当地平均水平，苏北地区主要经济指标增速连续多年高于全省平均水平。

2. 主要运作模式

（1）**坚持政府主导，统筹协调。** 以苏北经济薄弱县（市、区）为单位，分别建立19个"五方挂钩"帮扶协调小组，由省直综合部门担任牵头单位，主要负责人担任组长，相关企业、高校院所、苏南县市为成员单位并明确负责人和联络员。协调小组每年定期召开协调会议，听取挂钩帮扶县经济社会发展和扶贫开发工作进展情况汇报，检查上一年度各方帮扶资金到户和项目实施情况，制定和落实新一年度资金安排和项目实施计划。同时，从1992年开始，江苏省委、省政府从"五方挂钩"单位选派优秀年轻干部，组建省委扶贫工作队到苏北扶贫开发重点县，开展驻村帮扶工作。工作队队长由省"五方挂钩"组长单位省管后备干部（正处职）担任，兼任县委副书记；副队长由副组长单位处级或正科级干部担任，兼任副县长或县政府党组成员；队员由"五方挂钩"单位选派处级或科级优秀年轻干部担任，兼任副乡（镇）长。目前，省委已连续组建并派驻了19届工作队，累计选派5 300多名党员干部开展驻点扶贫。

（2）**坚持五方联动，密切配合。** "五方挂钩"协调小组明确各方责任，各成员单位立足实际，紧密配合，做到有钱出钱、有力出力、有人才出人才、有技术出技术，合力推进经济薄弱地区脱贫奔小康。省级机关发挥政策资源，根据扶贫开发政策要求，结合自身职能和业务，制订和落实本部门扶贫开发计划，推动资金、项目、政策等优势资源向经济薄弱地区集聚，帮助改善基础设施条件，发展特色产业。苏南市县发挥发展资源，每年召开南北挂钩帮扶协调小组会议，南北双方签订目标明确的挂钩合作协议书。省政府制定出台了支持南北挂钩共建苏北开发区政策措施，通过财政支持、电费补贴、用地倾斜、金融扶持和企业用工培训等优惠政策，引导发达地区科技含量高、经济效益好、吸纳劳动力多的大型企业，到苏北经济薄弱地区投资兴业。目前，苏北地区共有经省政府批准设立的南北共建园区 37 个。省部属企业发挥产业资源，与扶贫县的骨干企业挂钩，帮助培养企业经营管理队伍，提高管理水平，开发新品，拓展市场，为经济薄弱地区兴办有一定规模的合作项目。高校科研院所发挥技术资源，选派科技特派员驻村帮扶，实施科技、智力扶贫，每年为当地培训一批人才，推广转化一批科研成果与项目，培育发展一批特色产业。"十一五"期间，全省 1 011 个经济薄弱村实现科技特派员全覆盖，并重点打造了 100 个科技帮扶示范村。苏北经济薄弱县发挥自身资源，充分发挥主观能动性，挖掘自身潜力，积极策应扶持，协调地方及有关部门，创造有利条件，使各项扶贫政策、计划、措施得到有效落实。

（3）**实行严格考核，政策激励**。对"五方挂钩"单位实行目标管理，每年组织开展评比，对先进单位和先进个人进行表彰。建立差别化考核制度，江苏省委省政府明确苏南市县要将帮助苏北挂钩县实现小康列入当地工作考核的重要内容，南北挂钩双方要签订协议，省里每年考核公布一次。由省委组织部牵头对省委扶贫工作队员实行统一考核，并将工作队员帮扶实绩、工作表现、考核结果等反馈到派出单位，作为干部选拔任用的重要参考。明确将村企挂钩帮扶列入企业创建文明单位考评内容，在安排企业扶持资金、电费综合补贴、企业所得税减免等优惠政策时，优先支持扶贫成效显著的企业。实行扶贫开发党政一把手负责制，把扶贫开发作为经济薄弱地区党政一把手政绩考核的重要内容，明确不消除 4 000 元标准以下的低收入人口，不得宣布以县为单位达小康。

3."五方挂钩"帮扶机制的完善和创新

2011 年，江苏省以 2 500 元为扶贫标准，在全省实现基本消除绝对贫困现象目标。2012 年起，江苏省委、省政府将扶贫标准提高到 400 元，确定了 411 万低收入人口、1 533 个经济薄弱村和 6 个重点片区。为加大"五方挂钩"帮扶力度，从 2013 年开始，江苏省委、省政府对各方提出明确任务，要求省级机关单位每年投入帮扶资金不少于 20 万元；科研院所、高等院校每年不少于 10 万元；省属企业不少于 100 万元，中央企业参照执行；苏南发达县市每年不少于 500 万元并纳入财政预算。省扶贫工作领导小组对落实情况在年中、年末分别进行通报。"五方挂钩"单位认真按照党中央、国务院和江苏省委、省政府对扶贫工作的新部署、新要求，创新工作机制，拓展帮扶范围，加大帮扶力度。同时，采取措施进一步扩大、丰富了"五方挂钩"帮扶机制内涵。

一是在挂钩帮扶经济薄弱县同时向挂钩帮扶重点片区整体帮扶延伸。2012 年，江苏省委、省政府将 6 个重点片区作为新一轮扶贫开发的主战场，实行整体帮扶、连片开发。为确保 6 个重点片区如期建成全面小康，江苏省委、省政府明确"五方挂钩"单位在继续做好苏北经济薄弱地区挂钩帮扶的基础上，由省四套班子办公厅和省发改委、省水利厅等 16 家省级综合部门担任牵头部门，省有关重点部门和市县为成员单位，建立片区帮扶联席会议制度，为 6 个重点片区制定帮扶规划，落实年度项目资金计划，推进实施重大关键扶贫项目。截至 2014 年底，6 个重点片区已累计投入资金 353.8 亿元，规划确定的 1 269 个帮扶项目已实施 1 181 个，实施率达 93.1%；水利、交通等 30 个关键工程项目已有 9 个建成完工，21 个正在实施，重点片区面貌发生了明显改变。

二是在选派扶贫队员驻村帮扶的同时向组织机关单位帮村、党员干部结对帮户延伸。紧扣精准扶贫工作要求，在继续派驻省委帮扶工作队的前提下，明确"五方挂钩"单位无论是否派驻队员，都要与所挂钩的经济薄弱村结对帮扶，机关党员干部全部与低收入农户结对帮扶，努力做到每个经济薄弱村都有一个"五方挂钩"单位帮扶，每个低收入农户都有党员干部或能人大户结对。结合党的群众路线教育实践活动和省委"三解三促"活动要求，"五方挂钩"单位所有处级以上干部每年定期到挂钩经济薄弱村定点调研，纾民情、解民困。2014 年，"五方挂钩"单位领导现场办公 3 960 人次，其中厅局级领导 658 人次。党员干部作为低收入农户的帮扶责任人，每年至少入户走访 1~2 次，与结对帮扶农户共同商定帮扶措施，落实增收渠道，解决实际困难，努力做到在小康建设道路上不让一村一户落后掉队。从 2013 年开始，江苏省委、省政府要求苏北 22 个县党政主要负责人挂钩当地经济最薄弱的村，定期到村办实事、解难题。两年来，所挂钩的 44 个经济薄弱村，全部实现脱贫目标，平均每村在基础设施和产业项目上分别投入 302 万元、109 万元。

三是组织国有企业参与挂钩帮扶的同时向民营企业和农业龙头企业共同参与延伸。在党政机关资源充分利用、财政投入前所未有的情况下，为加大社会扶贫力量，再充分利用江苏省民营企业数量多、实力强的优势，以全国首个"扶贫日"活动为契机，广泛组织动员民营企业参与扶贫。2014 年 10 月，江苏省扶贫工作领导小组制定出台了开展村企挂钩的指导意见，落实扶贫捐赠税前扣除税收减免、信贷支持财政贴息、扶持资金倾斜等优惠政策，并向民营企业发出倡议，寄送报名表和有关政策文件，引导他们通过培育特色产业、发展公共事业、开展技能培训吸纳就业、合作开发、救济救助、公益捐助等方式，帮助经济薄弱地区加快发展。2014 年全国最大的民营企业苏宁云商集团正式加入"五方挂钩"帮扶工作序列。2015 年，江苏省委、省政府组织受省表彰的 100 家优秀民营企业、30 位民营企业家所在企业以及 607 家省级以上农业龙头企业，率先落实与经济薄弱村挂钩帮扶，发挥带头作用。

四是在苏南县市挂钩帮扶的同时向组织苏南发达乡村结对帮扶苏北经济薄弱乡村延伸。在南北市县对口合作、共建开发园区的基础上，将南北挂钩帮扶进一步向镇、村延伸，组织苏南发达镇（村）与苏北经济薄弱村实行结对帮扶，通过产业结构调整，将苏南地区的劳动密集型产业向苏北地区转移，把经济薄弱村的资源优势、劳动力优势与苏南发达镇村的项目、资金、人才、技术、信息等优势结合起来，实现优势互补，合作共赢。2013 年组织实施的苏南 100 个示范先进村与苏北经济薄弱村结对帮扶中，苏南平均每村每年投入帮扶资金 10.4 万元，吸纳薄弱村劳动力就业 16 人，苏北被帮扶的经济薄弱村绝大多数在 2014 年底基本实现了脱贫目标。

🔍 案例分析

江苏省"五方挂钩"帮扶机制，就是按照"政府主导、社会参与"的思路，在确定苏北经济薄弱县（市、区）后，通过加大宣传动员和行政推动，组织省级机关部门、部省属企业、高校科研院所、苏南发达县市与苏北经济薄弱县建立挂钩帮扶关系，按照省委、省政府确定的扶贫开发目标任务，发挥各方优势，加强帮扶支持，不脱贫、不脱钩。这一机制有效帮助了江苏经济薄弱地区调整经济结构，开发资源优势，发展优势产业，极大增强了经济薄弱地区的造血功能和内生发展动力，促进了低收入农户增收。

案例三

天津—甘肃：东西扶贫协作助脱贫

近年来，天津在精准扶贫、精准施策、扎实做好东西扶贫协作工作方面进行了探索，"十二五"期间，天津共投入财政援助资金43.2亿元，实施项目753个，对口支援新疆和田地区、新疆生产建设兵团十师、西藏昌都市、青海黄南藏族自治州、重庆万州区，甘肃省东西扶贫协作和对口协作工作丹江口库区上游地区（陕西汉中市、安康市、商洛市）任务圆满完成，"天津做法""天津模式"得到党中央、国务院有关领导的表扬，获得对口支援地区群众高度认可。

1. **基本做法与经验**

天津市与甘肃省的对口帮扶关系是1996年中央扶贫开发工作会议明确的，20年来，不断调整援甘思路，从"东扶西联"到"向藏区倾斜"，取得了丰硕成果。天津安排援甘资金、物资累计5.98亿元，其中财政资金4.2亿元，社会各界捐赠资金1.78亿元，实施帮扶项目500多个，安排200多名甘肃科级以上干部到天津挂职锻炼，累计培养、培训甘肃各类干部上万人次。同时，也取得了弥足珍贵的经验做法，概括起来，主要有五个方面：

（1）**加强组织领导，完善体制机制。** 天津市委、市政府高度重视津甘扶贫协作，成立了市对口支援工作领导小组，张高丽、孙春兰、黄兴国等市委主要领导同志先后担任组长；两省市高层互访七十余次，签署会谈纪要、框架协议等指导性文件18个，完善资金项目管理机制，先后印发了《天津市对口支援项目资金管理暂行办法》《天津市对口帮扶甘肃省项目资金管理实施细则》；不断完善区县结对帮扶机制，天津14个区县与甘肃省定西、天水、陇南3个市的13个贫困县结为帮扶对子；不断完善互派挂职干部机制，在甘肃成立天津援甘工作前方指挥部，首批7名援甘干部在甘南藏族自治州合作市、夏河县任职，每年有100名天津医疗专家赴甘肃省挂职义诊半年。

（2）**突出民生优先，夯实基层基础。**坚持把保障和改善民生作为重之中重，重点建设定西市安定区柏林村、平凉市华亭县吉家河村、甘南藏族自治州临潭县冶力关镇葸家村等二十多个天津示范村，极大改善了当地群众的生活条件；实施村道硬化防洪河堤、自然村道路、牧民定居、危房改造、灌区配套等单项工程100多个，支持天祝县"下山入川"工程建设，解决了群众反映强烈的突出问题；安排800万元援甘资金建设"甘肃精准扶贫大数据管理平台"，以科学有效的程序对扶贫对象精准识别、精确帮扶、精确管理。

（3）**着力智力支援，打牢人才基础。**实施"对口帮扶甘肃藏区定向医学本科生免费培养"项目，到"十三五"末，按照生均2万~3万元/年的标准，将累计安排天津帮扶资金4 000万~5 000万元，天津医科大学、天津中医药大学、天津医科大学临床医学院将招收400名定向医学本科生。截至2015年底，已招收定向医学本科生249人。学生毕业后将到指定的甘南县级及县级以上医疗卫生机构服务不少于6年，基本满足甘南极度缺乏的医学本科生需求。滨海新区单独出资2 000万元，启动"甘肃—天津'9+3'藏区免费中等职业教育项目"，免费培养1 500名藏区中职学生。天津南开中学开设"兰州班"，40名兰州优秀初中生与天津学生享有同等待遇，高中毕业后直接参加天津高考。

（4）**帮扶优势产业，激发内生动力。**建设规范化药材基地、牲畜暖棚草棚、网箱养鱼等特色产业项目一百多个。实施天祝县石门镇藏族民俗文化村、定西市马铃薯交易市场等产业带动项目二十多个，并设立互助资金。天土力集团与甘南藏族自治州合作市、临潭县达成药材供应和生产基地建设合作协议。以国家支持甘肃建设"旅游扶贫试验区"为契机,与甘南藏族自治州开展旅游从业人员培训、民族文化宣传等,培育多层次产业发展格局。为扶持定西食用菌产业,天津农科院食用菌专家现场授课,天津金三农农业科技公司提供技术支持,帮助定西天耀草业科技有限公司开展"利用废旧房舍做菌室、利用废料袋栽蘑菇、利用废菌料再开发",通过循环利用使企业增效、农户增收。

(5)**发挥平台作用,促进互利共赢。**依托经贸展会平台,先后组织 12 次"异地商会企业陇上行""光彩事业进甘肃"等活动,为甘肃酒泉、白银、甘南等市州在津举办项目推介会、合作洽谈活动 20 余次,促成天津温州商会、福建商会企业在嘉峪关、敦煌、金塔等地投资建设石材基地、仓储物流、商业地产、文化旅游项目 21 个,投资额超百亿元,天津有关单位、企业累计在甘肃设立 30 多家分公司、办事处。借助区县结对平台,在支持甘肃对口县小城镇规划、救灾捐款等方面累计投入资金 1 200 多万元。构建定点结对平台,南开大学、天津大学分别与甘肃省陇南市宕昌县、庄浪县开展定点帮扶,制定出台《定点扶贫合作方案》《对甘肃省宕昌县对口帮扶计划——本科招生方案》,组织教师团开展专题讲座,为学生免费举办夏令营等活动。夯实劳务输转平台,成立 6 个甘肃劳务输转和培训基地,甘肃在津务工人员约 14 万人。

2. **在东西协作中实现共赢**

对口支援西部民族贫困地区的干部,亲历民族地区的"难",深知贫困群众的"苦",在实际工作中用"真情、真意、真心、真爱",把对口地区当作"第二故乡",把当地百姓当作"亲戚",牢固坚持四条基本原则,扎实做好对口支援与扶贫协作工作:

（1）**紧跟中央决策**。做好扶贫开发工作，支持困难群众脱贫致富是全心全意为人民服务根本宗旨的重要体现，也是党和政府的重大职责。中共中央举全党全国之力开展对口支援与扶贫协作，充分发挥中国特色社会主义政治优势、制度优势，决策英明，举措科学，得民心、促发展、保稳定，体现了社会主义大家庭的温暖与优越性。

（2）**突出"三个依靠"**。紧紧依靠受援省（自治区）党委、政府，紧紧依靠受援市（州）党委政府（地委行署），紧紧依靠受援县委、县政府，充分发挥对口支援地区主动性，不断完善项目建设管理以当地为主，项目监督、审计、项目验收由双方协商的工作模式。

（3）**加强战略协同**。将对口支援和扶贫协作与精准脱贫结合起来，将服务参与西部开发与融入"一带一路"建设结合起来，相互渗透、相互扶持、协同发展。

（4）**注重长短结合**。"脱贫攻坚战"有时间节点，对口支援地区经济社会发展却是长期的，推进对口支援地区经济发展、设施改善的同时，要不断强化民生改善，提升教育与医疗水平，加强人才培训，培育特色产业，为当地留下企业、人才、技术等"带不走的财富"。

🔍 **案例分析**

> 　　对口支援西部民族贫困地区的干部，亲历民族地区的"难"，深知贫困群众的"苦"，在实际工作中用"真情、真意、真心、真爱"，把对口地区当作"第二故乡"，把当地百姓当作"亲戚"，牢固坚持四条基本原则，紧跟中央决策，突出"三个依靠"，加强战略协同，注重长短结合，使对口支援与扶贫协作工作扎实推进，取得实效。

十五、综合扶贫

综合扶贫是综合运用党建、科技、教育、光伏、就业、旅游、生态、产业等多种扶贫手段中两种及以上扶贫方式开展扶贫工作，合力推进扶贫，促进贫困地区人民摆脱贫困，改善生活。纵观我国扶贫历程，几乎没有一个贫困地区是靠单一手段摆脱贫困的，都是经过多方实践，采用多渠道促进扶贫，只是在其过程中因为各地实际情况的不同，扶贫手段存在一定的侧重，因此综合扶贫是我国绝大多数地区摆脱贫困的扶贫方式。

 **案例一**

湖南十八洞村精准扶贫

2013 年 11 月 3 日，习近平总书记考察湖南省湘西土家族苗族自治州十八洞村时提出"实事求是、因地制宜、分类指导、精准扶贫"，标志着精准扶贫重要思想的提出。作为精准扶贫思想的首倡地，十八洞村具有我国少数民族贫困地区自然环境恶劣、土地贫瘠、交通不便、生产方式落后、人民生活水平低下等典型特征。自 2013 年习近平总书记考察以来，十八洞村采用多种扶贫模式，人均纯收入由 2013 年的 1 668 元提升至 2016 年的 8 313 元，实现全面脱贫。本章重点分析十八洞村采用多种扶贫模式，得出十八洞村"可复制、脱贫不反弹"的扶贫经验。

十八洞村隶属湖南省湘西土家族苗族自治州，位于湖南省西部，武陵山脉中段，湘黔渝交界处的湘西花垣县。地处素有花垣"南大门"之称的排碧乡西南部。辖区包括 4 个自然村落，即梨子寨、竹子寨、飞虫寨、当戎寨，由原有飞虫村和竹子村合并而成，因为村里有十八个溶洞，因而以十八洞作为新的村名，合并后共计6个村民小组，225户、农户939人。

十八洞村所处的武陵山片区，自然条件比较恶劣，山地面积较大，平均海拔较高，旱涝灾害并存，雨雪冰冻和冰雹等灾害易发，部分地区水土流失、滑坡泥石流、石漠化现象严重。此外，十八洞村土壤较为贫瘠，可耕地面积较少，全村总面积14 162亩，耕地面积仅有817亩，人均耕地面积仅为0.83亩，为全国平均水平的60%，林地面积11 093亩，森林覆盖率78%。自改革开放以来，十八洞村的面貌虽然发生了翻天覆地的变化，但由于地处偏僻，基础设施较差，长期以来处于深度贫困状态。2013年之前，整个苗寨有136户贫困户和500多名贫困人口，占全村总人口的近60%，全村人均收入仅1 668元，为当年全国农民人均纯收入的18.7%。

十八洞村精准扶贫工作统一思路，多种扶贫模式并举。

1. 党建扶贫模式

为认真贯彻落实总书记的重要指示，花田县第一时间成立了精准扶贫工作小组，县委派出了一支精准扶贫工作队和一位驻村的第一支书，与群众"同吃、同住、同劳动"，深入开展精准扶贫，认真探索十八洞"可复制、可推广"模式。同时，为响应习近平总书记提出的"切实落实领导责任""切实加强基础组织""增强内生动力"。逐步以驻村帮扶工作队、村支两委（村支部和村委会）和青年民兵突击队建设为载体，以转变观念、提升群众思想道德水平为方向，以精准识别为基础，以引导协助多项扶贫模式为重点，形成了"党建先行，增强内生动力"的经验。

2. 驻村干部扶贫

第一，推动贫困户精准识别工作的开展。作为精准扶贫的发源地，花垣县以十八洞村为试点，提出了"五个精准"理念，"七步法"和"九不评"的精准识别贫困人口标准。在"七步法"和"九不评"精准识别标准的指导下，2014年3月该村识别贫困对象136户、542人，占全村总人口的5%。**第二，充分调动村民扶贫脱贫积极性，逐步改变原有"等、靠、要"的观念。**探索出"思想道德星级化"管理模式，采用村民民主评议制度，从发展致富产业、支持公益事业等6个方面对每位村民进行打分，并当场公布打分结果，再根据结果给每家每户贴"星级牌"，最高五颗星，而之前阻挠施工的村民只有两颗星。**第三，着力解决村民关注的切身问题。**精准扶贫实施后，工作队想方设法帮忙解决大龄青年结婚难题，2015年12月底，工作队组织举行首场相亲大会，最终5对青年牵手成功。

3. 基础设施扶贫

"要想富、先修路"，这句广为传颂的谚语恰当地说明了基础设施建设在扶贫工作中的重要性。2011—2012年，在各项扶贫措施的支持下，十八洞村发生了巨大变化，进村公路、水渠、村部大楼等基础设施的建成，着实改变了十八洞村的面貌。然而，随着扶贫工作队的到期撤离，全村仍然普遍贫困。

4. 产业扶贫

（1）以猕猴桃为代表的特色种植业。十八洞村村委会以国家扶贫资金支持村集体形式出资60万元，共同组建成立十八洞村苗汉子果业有限责任公司。其中十八洞村的股份由十八洞合作社和村集体经济两部分组成，合作社由村民出资组建，合作社资金贫困人口按可享受的政策扶持资金入股，542人共162.6万元，占总股本的27.1%；非贫困人口按政策扶持资金共59.55万元入股，占总股本的9.9%；村集体经济占总股本的12%。

（2）以肉兔、湘西黄牛为主的养殖业。针对劳动力不足、文化水平低、管理能力差的贫困户，十八洞村重点发展以肉兔、湘西黄牛为主的养殖业，以股份合作模式在全村发展这些产业，并将此作为全村农户短期产业进行发展。十八洞村通过选取养殖基地，建立湘西黄牛合作社和肉兔养殖专业合作社，致力于将养殖业发展成为全村继猕猴桃产业之后的第二大产业。

（3）以苗绣为主的手工艺加工业。 2014年初，州政府召开十八洞村苗绣发展专题协调会议，确定由州妇联牵头，民族、扶贫开发等相关部门给予资金和项目支持的工作协调机制。为抓好苗绣产业，实施省、州、县妇联三级联动，在十八洞村成功探索出一条农村妇女在家门口灵活实现就业的精准扶贫之路。为此，专门建立十八洞村苗绣特产农民专业合作社。合作社成立之初，就明确规模化、标准化、品牌化的发展道路，采取"公司＋合作社＋农户"的经营模式，由合作社积极对接公司推介苗绣品，先后与花垣五新苗绣、金田苗绣建立合作关系。

（4）以农家乐等为主的旅游产业。 十八洞村旅游扶贫模式主要包含四个方面：第一，对本村旅游产业发展进行详细规划；第二，鼓励村民开农家乐脱贫致富；第三，将乡村旅游与民俗文化产业相结合；第四，创新旅游扶贫新模式。2014年，扶贫工作队组织本村妇女注册成立"十八洞村苗绣特产农民专业合作社"，并与多个公司展开合作。十八洞村推行"113"工程，2016年十八洞村销售4 060棵桃树采摘权，贫困群众获益169.7万元。十八洞村以"113"工程为措施，将扶贫措施与旅游产业发展相结合，既为农户带来可观的收入，也直接带动旅游产业的可持续发展。

5. 教育扶贫

第一，改善学生受教育环境，增加学生受教育机会。十八洞村依托边城爱心协会、县关心下一代工作委员会等组织，解决了2 000多名贫困留守儿童的就学、救助问题。第二，对村民进行技能培训。在保障当地学生接受良好教育的基础上，十八洞村还针对农户精准开展多项培训，解决"技力"问题。

🔍 案例分析

　　2013 年 11 月 3 日，习近平总书记考察湖南省湘西土家族苗族自治州十八洞村时提出"实事求是、因地制宜、分类指导、精准扶贫"，标志着精准扶贫重要思想的提出。作为精准扶贫思想的首倡地，十八洞村具有我国少数民族贫困地区自然环境恶劣、土地贫瘠、交通不便、生产方式落后、人民生活水平低下等典型特征。自 2013 年习近平总书记考察以来，十八洞村采用多种扶贫模式，人均纯收入由 2013 年的 1 668 元提升至 2016 年的 8 313 元，实现全面脱贫。本章重点分析十八洞村采用多种扶贫模式，得出十八洞村"可复制、脱贫不反弹"的扶贫经验。

案例二

宁夏回族自治区精准扶贫案例

　　精准扶贫是新时期党和国家扶贫工作的精髓和亮点。宁夏作为全国扶贫攻坚的主战场，自 2013 年习近平同志提出精准扶贫概念以来，积极带领贫困群众脱贫致富，摸索出了一些有效模式。

1. 宁夏回族自治区贫困现状

　　宁夏地处西北内陆高原，是中国五大少数民族自治区之一，辖 5 个地级市，22 个县、市（区），2015 年底总人口 667.8 万人，其中回族人口占 36%。由于受历史条件和地理位置等因素影响，经济发展长期滞后。西海固是宁夏革命老区、贫困山区和少数民族聚居区，自然条件极其恶劣，是六盘山集中连片特困地区之一。包括原州、西吉、隆德、泾源、彭阳、海原、同心、盐池、红寺堡9县（区），人口206.3万人，占宁夏人口近三分之一，其中建档立卡贫困人口占宁夏38.8万建档立卡贫困人口的81.7%。西海固是宁夏扶贫开发的主战场和最难啃的"硬骨头"。

2. 宁夏回族自治区精准扶贫案例

（1）产业扶贫——以同心县同德村为例。同心县隶属吴忠市，位于宁夏中部干旱带核心区，县境内沟壑纵横，干旱缺水，日照充足，昼夜温差较大，适宜种植枸杞。河西镇同德村是同心县最后一个生态移民村，润德枸杞庄园生产基地来自从同德村移民群众手里流转来的7 500亩枸杞。目前，庄园拥有百吨级无尘制干车间，采用现代化生产流水线，对采摘的新鲜枸杞进行清洗、杀菌、消毒、速冻、包装，不仅可以当作零食直接食用，还可以煲汤、泡茶、熬粥等。通过深加工，可将枸杞做成枸杞原液、枸杞酵素等保健食品，提高枸杞的附加值。据庄园负责人介绍，他们还将向药品、化妆品等行业进一步拓展，出口欧美、东南亚等国家。仅用了3年时间，同德村从寸草不生的荒滩发展成为高效益高产出的枸杞庄园，枸杞产业成了"拔穷根"的支柱产业。庄园里2 000余名工人全部来自同德村1 379户移民群众，在枸杞产业带动下，同德村从移民前人均收入不足2 000元，发展到6 000多元，户均收入超过2万元。小小的枸杞让这片贫瘠的土地变成了"致富金矿"，产业扶贫真正实现了源头"造血"。

（2）旅游扶贫——以西吉县龙王坝村为例。龙王坝村隶属"苦瘠甲天下"的西吉县，该村有8个村民小组，404户共计1 672口人，其中建档立卡贫困户有208户共计840人，是全县238个贫困村之一。龙王坝村山清水秀，村民们吃自己种的杂粮和绿色有机蔬菜，是原生态的长寿村，村里有40多位80岁以上的老人，8位90岁以上的老人。该村2014年荣获"中国最美休闲乡村"的称号，就地取材发展旅游产业是它脱贫致富的特色。近年来，随着退耕还林工程的实施和集体林权制度改革的不断深入，龙王坝村依托本地的自然景观资源，成立心雨林下产业专业合作社，该社已入选全国"合作社＋农户"旅游扶贫示范项目。现在，村里的贫困户都成了勤劳致富的能手，他们把农村变成景区，村民变成导游，民房变成客房，产品变成礼品，摘农家菜、吃农家饭、睡农家炕，把原汁原味的农村生活打造成农家生活体验系列旅游产品。此外，村里的梅花鹿养殖中心和草莓采摘中心也备受游客喜爱，该村年接待游客达 6 万人次。去年，村里 177 户 737 人通过发展乡村旅游产业实现了脱贫，脱贫率高达 85% 以上。

（3）"软文化"助力精准扶贫——以中卫市为例。中卫市辖沙坡头区和中宁、海原两县，共 40 个乡镇 442 个行政村、32 个社区居委会。共有 21 个民族，五大宗教俱全，属典型的民族聚居地区。沙坡头区以宣传党的政策、展现脱贫决心为主题，通过 30 余场扶贫攻坚专场演出让老百姓了解精准扶贫政策。中宁县给山区的农家书屋补充大量图书，建起了部分乡村电子阅览室，并将"互联网＋"思维融入精准扶贫，帮助留守儿童与父母进行感情沟通。海原县建成了集设计研发、加工培训、展览销售为一体的非物质文化遗产创业孵化基地。通过引商、整合等方式，扶持了 12 个脱贫销号村，带动 600 名贫困家庭妇女稳定就业。此外，中卫市在全域旅游总体规划中明确文化为魂的思路，将海原回乡风情展示列入了特色旅游区，着力打造民俗文化游和丝路寻踪游线路。通过深度挖掘民俗资源，在"全国历史文化名村"南长滩村建设党项民俗村。此外，市政府协调鸣沙村 80 多名群众，通过组建驼队和花儿组合演艺团队，让他们走进沙坡头景区服务岗位。目前，该村正在建设占地 60 多亩的穆民风情苑，项目建成后可安排 150 多户群众经营创收。

（4）精准培训促进精准扶贫。精准脱贫能力培训工作被区政府确定为 2016 年民生工程为民办实事之一，安排两亿资金，培训十万人次。培训对象主要瞄准建档立卡的贫困人口和"十二五""十三五"生态移民；根据市场需求和劳动者意愿，培训主要以驾驶、刺绣、育婴、手工艺编织、养老护理、电焊工等工作为主；培训模式按照"企业订单、培训机构列单、培训对象选单、政府买单"的流程进行。截至年底，全区共对 125 732 人次进行了技能培训，超额完成 25.7%，其中有 89 732 人取得了初级技能资格证书。精准培训的目标是：实现培训一人、就业一人、脱贫一户。引导贫困群众不断挖掘自身潜能，通过积极参加技能培训来改变自己的命运，发挥他们的主观能动性，从而拓宽增收的渠道。

🔍 案例分析

本案例给我们的启示主要有两点。第一，要牢固树立"创新、协调、绿色、开放、共享"的五大发展理念，深度挖掘本地区资源优势，做到因地制宜。充分发挥贫困地区土地辽阔、山清水秀，污染较少的地缘优势，依据贫困地区特殊地形、地貌的特点，从生态农业、生态林业等宏观思路着手，通过产业扶贫实现其健康可持续发展。同时，可以依托自然环境和民俗文化发展生态旅游业。第二，授之以鱼不如授之以渔。精准扶贫必须加强对贫困村领导班子和贫困户的教育培训，彻底打消他们"等靠要"的念头，积极转变脱贫观念，树立脱贫信心，提升脱贫能力。通过技能培训掌握至少一种生存本领，积极就业或者自主创业，从源头上拔穷根，发挥贫困群众的主体性作用。同时，要引入技术特派员，针对贫困地区的特色产业进行技术指导。

案例三

四川青神县"4+5+3"组合精准扶贫

党中央的大力推动、精准扶贫思想的具体指导以及众多的实践经验的启迪，使青神县制定更加契合精准扶贫思想、满足精准扶贫需要的精准扶贫模式有了诞生的时代土壤和理论滋养。经过因地制宜的思考、实践、总结，"4+5+3"组合精准扶贫模式得以产生。"4"指全面提升"四个精准"（精准把握总体要求、精准锁定扶贫对象、精准落实帮扶措施、精准强化脱贫保障）；"5"指扎实推进"五大举措"（因业固本，实施产业帮扶；因地施策，实施新村帮扶；因事利导，实施民生帮扶；因人而异，实施兜底帮扶；因村结对，实施合力帮扶）；"3"指狠抓落实"三大实招"（"严实"脱贫摘帽考核制度；"扎实"扶贫攻坚机制；"务实"精准扶贫计划）。

1. 因业固本，实施产业帮扶

发展新型工业减贫，科学制定"青神制造"规划，立足机械、日化、纺织等优势主产业，鼓励和支持棚户区改造企业发展新增群众就业岗位。加快城市发展，推进城镇化建设，促进农民向产业工人和建筑工人转变，减少贫困人口 1 537 人。发展都市近郊型现代农业减贫，围绕"两水一竹一家禽"特色产业，深化农村改革，发展适度规模经营。在甘家沟村、白云村、楼坊溪村、坛罐窑村、双龙村、杨店村、上游村、新路村、向阳村和小三峡村成片新植高接换椪柑 5 500 亩；在安家坝村、栗子村成片发展水产养殖 500 亩；在玉蟾村、黄莺岭村、中坝村、白庙村、新路村、上游村等建肉鸡养殖小区 15 个；岩村、天池村、尖山村集中成片发展林竹 15 000 亩，初步形成现代竹编产业体系；在三清寺村、罗湾村、何家山

村、福全坝村、黄桷村、杨柳漕村发展粮经复合基地 1 500
亩。促进贫困群众向农业业主转变，减少贫困人口 2 603 人。
发展现代服务业减贫建设提升"中国竹艺城"，发展江湾神木
园、"红色西山""茶语原乡""汉阳水府"等乡村旅游。培
育规模产业，发商业个体经营户、新孵居民服务业经营户等。
到 2016 年基本建成电子商务创业孵化中心和电子商务公共服
务中心，充分利用电商平台大力发展工业机械零部件、竹木
制品、竹编工艺品、椪柑、茶叶等群众特色产品的线上、线
下同步营销，创造就业岗位。

2. 因地施策，实施新村帮扶

建设幸福美丽新村，依托场镇、文化、景区、园区，以椪
柑、竹编等特色产业为支撑，突出地域、乡村特色，建设"红
色西山""茶语原乡"，结合虎渡溪航电、复兴水库扩建工程等
重点项目建设，搬迁安置一批贫困户。用好危房改造、避险搬
迁等灾后重建项目，改造农村危房 1 100 户，灾后重建 125 户，
改善道路、水利、电力、通信基础设施，减贫 430 人。加强社
会主义精神文明建设，形成敬老、爱老、养老的道德风尚，弘
扬正气，抵制歪风邪气营造遵纪守法、文明健康、家庭美满、
邻里和睦的良好社会风气。加快改善交通发展条件，优先实施
栗子村、天池村、尖山村等村农村公路提升改善工程，到 2016
年底，新改建县、乡、村公路 100 千米。完善供水保障体系，
全力推进复兴水库扩建工程，实现城乡饮水同网同质，确保到
2016 年，构建精准到户的饮水保障安全体系。在贫困村新建整
治蓄水池 80 口、山坪塘 60 口，新建整治沟渠 35 千米。加快
实施鸿化堰灌区配套改造，完成青神县岷江杨柳嘴段等新建堤
防 1.3 千米、整治加固堤防 0.9 千米，解决何家山黄桷村适度规
模集中供水问题，实施黄莺岭村、新路村、小三峡村农村安全
饮水巩固提升工程。小型农田水利基础建设全县覆盖。加快推

进电力和信息网络全覆盖，实施农村电网改造升级工程和光伏工程，重点解决贫困村供电设施落后、供电能力不足的问题。推进生态工程建设，加大对重点生态功能区的投入，扎实推进"绿海明珠""千湖之城"大会战，抓好中岩寺、德云寺、竹林湿地、竹海建设。

3. 因事利导，实施民生帮扶

实施教育提升扶贫工程，解决就学难问题，坚持扶贫先扶智，认真落实义务教育"三免一补"政策，保证困难家庭子女不因贫困而辍学。充分发挥农村公办幼儿园作用，切实解决好农村幼儿入学难问题。拓宽农村义务教育学校和农村公办幼儿园教师补充渠道，进一步改善农村教师生活和工作环境。发放普通高校困难毕业生就业补贴，支持就业困难的大学毕业生进行创业。实施医疗卫生改善工程，解决就医难问题，健全县、乡、村三级基本医疗卫生服务体系，医疗卫生机构综合改革，实施基层医疗服务能力提升工程。到2016年县医院达到达标综合能力建设基本标准，乡镇卫生院、村卫生室标准化建设率达100%；健全计划生育奖励扶助政策，优先扶持计划生育贫困家庭脱贫；实施医疗救助520人，减贫2 080人。实施文化惠民扶贫工程，解决文化基础设施问题。集中力量推进贫困村图书馆、文化馆、数字电视户户通、应急广播等文化基础设施建设，并指导开展实施劳务培训扶贫工程，提升就业技能，巩固提升"双千"培训成果，加大贫困劳动者技术技能培训。支持用人单位到贫困村建立劳务培训学校或基地，搞好委培和订单式培训。对具备创业条件的贫困劳动者，开展免费创业教育培训。鼓励支持外出务工人员返乡创业，从而带动贫困群众就业增收。

4. 因人而异，实施兜底帮扶

采用低保政策兜底，解决最低生活保障问题。到2016年，将丧失劳动能力、无法通过产业扶持和就业帮助实现脱贫的贫困人口按政策全部纳入农村低保，减贫 2 356 人。率先对残疾人扶贫对象实行生活费补贴，核定其年收入与国定贫困线标准差额，据实发放差额补助。扩大社会保险覆盖面，解决基本社会保险问题，统一城乡居民社保的保障标准。调整新型农村合作医疗政策，逐步提高贫困人口的新农合筹资标准。健全完善临时救助制度，解决特殊人群管理服务问题，完善大病保险制度，提高大病保险报销比例。加强贫困户、残疾人重大疾病医疗救助。加强临时救助资金筹集和管理，不断提高临时救助管理服务水平。加强农村留守学生（儿童）、妇女、老年人关爱服务体系建设。强化农村养老服务体系建设，解决养老问题，加快养老设施建设，鼓励社会力量兴办农村养老服务机构，在供养对象自愿的前提下，对农村无劳动能力、无生活来源、无赡养人抚养人的特困人员实行集中供养。

5. 因村结对，实施合力帮扶

构建全社会合力帮扶大格局，引导社会力量自发自愿参与扶贫。干部结对帮扶，组建开展包村干部驻村工作组，选派第一书记，开展"一帮一""一帮多"结对帮扶，实现贫困村驻村帮扶全覆盖，每个贫困户都有帮扶责任人。鼓励民营企业扶贫，倡导民营企业积极参与"百企联百村""栋梁工程关爱贫困学子""结对认亲、热心参扶"等公益活动，发挥民营企业资金、技术、管理等诸多优势参与贫困村的基础设施建设、公共服务与资源开发，从而吸纳更多贫困对象就业。支持社会组织参与扶贫，支持社会团体、基金会、民办非企业单位等各类社会组织通过开展志愿服务、公益服务、司法援助等方式积极参与扶贫。倡导公民个人扶贫，鼓励和支持公民采取多种方式参与扶贫。

🔍 **案例分析**

　　本案例让我们更加明确，精准扶贫的特点就是针对性、系统性、有效性。经济、文化、环境、医疗卫生等各方面因素缺一不可。全面建设小康社会的理论也告诉我们，扶贫工作不仅仅要解决经济贫困的问题，还要解决生态、民主管理以及文化建设等方面的问题。青神县通过积极探索和不断实践，形成了以"4+5+3"组合为特点的"青神模式"，对于确保青神县精准扶贫目标完成具有深远而积极的影响。他们的精准扶贫工作中既有经济发展，也有生态文明建设；既有提高生活技能，也有保障基本的生活来源；既包括产业规划，还包括文化发展。这些综合性的工作提升了该精准部扶贫模式的科学性、有效性和巧妙性，也使该项模式具有时代特点，提升了脱贫效果，完善了脱贫退出机制与返贫预防机制。

十六、健康扶贫

　　健康扶贫，就是要让贫困地区农村贫困人口"看得起病，看得好病，看得上病，少生病"，保障贫困人口享有基本医疗卫生服务，防止因病致贫、因病返贫。"看得起病"就是建立基本医疗保险、大病保险、医疗救助、疾病应急救助、商业健康保险等制度之间的衔接机制，发挥互补作用。"看得好病"就是要防治结合，让患病人口得到及时有效的治疗。"看得上病"就是优化医疗资源布局，提升贫困地区医疗卫生服务能力。"少生病"则是通过卫生运动、宣传、预防等手段，使贫困人口形成健康的生活方式，降低生病可能性。

 **案例一**

甘肃岷县健康精准扶贫

甘肃岷县健康精准扶贫开展以来，甘肃岷县卫计局树立大卫生、大健康、大扶贫的服务理念，充分发挥医疗卫生资源优势，紧盯精准扶贫精准脱贫，将健康扶贫、健康保障融入所有政策，不断强化基层基础，着力改善就医环境，精准识别、精准发力、精准服务，有效缓解了群众"看病难、看病贵"和"因病致贫、因病返贫"等问题，为全县打赢精准扶贫、精准脱贫攻坚战提供了坚强保障。

统一思想认识，靠实工作责任。精准扶贫精准脱贫工作启动后，岷县卫计部门成立了由局主要领导任组长，班子成员为副组长的精准扶贫、精准脱贫工作领导小组，印发了《卫生计生支持精准扶贫重点工作任务完成时限及责任分工的通知》，将各项重点工作任务细化量化，落实领导干部包片、干部职工联系乡镇制度，适时对工作开展滞后或落实不力的人员进行约谈问责，形成了主要领导亲自抓、分管领导具体抓、责任单位全力抓的良好工作局面。

部门相互配合，城乡有机联动。县委、县政府立足健康岷县建设，着眼精准扶贫，定期召开发改、财政、扶贫、教育、卫计、住建等相关部门会议，充分发挥部门行业优势，突出民生民计，制定出台相关制度，采取加大财政投入、提供项目支持、倾斜扶贫政策、开展健康教育等诸多措施，为加快健康扶贫、健康岷县夯实扶贫之基。

加强督查指导，强化问题整改。认真对照《全省贫困县党政领导班子和党政正职经济社会发展实绩考核实施方案》及相关考核指标，精心设计自评自验统计表，卫计、财政、扶贫、发改等相关部门抽调业务能力强、工作能力好的工作人员，定期、不定期深入乡镇村社进行督查指导，及时解决存在的困难和问题，推动工作全面落实。

推行分级诊疗，深化精准医改。推行分级诊疗，着力解决群众"看病难，看病贵"问题。积极推行以病种分级诊疗、即时结报、结余资金再分配及控费奖惩为内容的医保杠杆撬动机制，落实医师多点执业考核与服务补偿、职称晋升相挂钩政策，着力推动优质资源有序下沉，推行市、县、乡村医疗联合服务一体化改革，县级分级诊疗病种由原来102种增加到254种，通过分级诊疗，使常见病和多发病患病群众在村卫生室和基层卫生院得到就近诊疗，医疗服务价格和报销起付线降低，实际报销比提高，农民得实惠更多。2016年共18 544人次受益，补偿资金7 455.85万元，让利群众542万元。

坚持精准施策，确保群众受惠。提高补助标准、落实新农合和大病保险倾斜政策。全县贫困村平均参合率达95%以上，建档立卡贫困户参合率达100%，县外就诊率为6.5%居全省前列，全市第一；按照"四提一降两扩大一简化"的要求，对全县贫困参合人口政策范围内省、市、县、乡定点医疗机构住院费用在普惠政策基础上报销比例提高5%，起付线降低10%，大病保险贫困户起付线标准由5 000元降到3 000元，对全县精准扶贫建档立卡贫困户、计生"两户"、低保户、持证残疾人等住院患者在参合费减免、住院报销、大病保险、民政救助等优惠政策落实后所剩住院费用实行新农合兜底报销。全县参合农户省、市、县、乡四级医疗机构住院补偿起付线分别从3 000元、1 000元、300元、100元下调至2 000元、800元、200元和50元，住院封顶线分别由4万元、3万元、1.5万元、6 000元上调为6万元、4万元、2.5万元和8 000元。年内多次住院的参合农民年度内累计补偿金额由8万元上调为10万元，门诊年度累计补偿金额由原来 120 元上调至 150 元，通过以上政策调整，累计受益 69.7 万人次，受益金额达 1 461.7 万元。截至目前，共有 11 248 人得到二次补偿，补偿资金为 251.18 万元；共为 1 120 人次落实了 1 379.42 万元重特大疾病报销政策，为 17 456 贫困人口住院补偿 4 321.82 万元，实际补偿率达到 75%，合计优惠资金 250.64 万元，为 930 人次门诊慢特病患者报销医药费 256.78 万元，为 12 247 户计生"两户"家庭 61 351 人次落实计生各项优惠政策资金 1 113.053 万元，广大农民群众受益水平明显提高，医疗服务保障体系进一步完善，健康扶贫进程步伐进一步加快。

强化基础建设，优化服务环境。完成"5·10""7·22"灾后恢复重建项目 118 个，总投资 11 398 万元，医疗机构业务用房面积由 3.8 万平方米增加到 11.9 万平方米；岷县人民医院建成泌尿微创碎石中心、规范化供应消毒中心、血液透析室，"120"指挥实现全覆盖；岷县中医院建成呼吸睡眠科、检验中心等重点专科，2 家县级医院均建成重症医学科和新生儿重症监护病房，设立了心理卫生科；全县 300 个行政村按照建筑面积 60 平方米，诊断室、治疗室、药房"三室"分设的标准建成标准化村卫生室 296 个，150 个贫困村标准化村卫生室已实现全覆盖；建成农村卫生厕所 41 991 所，有效改善了群众就医和人居环境。

激发村医活力，助力精准医疗。落实乡村医生准入和退出政策，建立了乡村医生退养生活补助制度，严格落实村医每周到乡镇卫生院上一天班或每月上一周班制度，从县乡医疗机构选派 32 名具有执业医师资格的人员担任贫困村村医助理，扎实开展健康扶贫、精准医疗、十三项基本公共卫生服务、合作医疗门诊就诊一站式结算报销等精准医疗服务，医疗保障水平明显提高，农民受益明显增加，实现"小病不出村"的目标。

优化资源整合，提升服务效能。强化队伍整合优化，凸显健康扶贫实效，在西江、梅川、茶埠等 8 个乡镇卫生院和城关社区卫生服务中心建设集健康教育、中医治未病、健康评估、慢病管理、辅导干预、生殖保健"六位一体"的"健康幸福小屋"，村卫生室全部安装了碳纤维取暖设施，配齐电脑、打印机等日常办公用品和药品柜、资料柜、检查床、消毒锅及健康一体机等各种医疗设备，便于群众就近健康查体，随时了解自身健康状况。

树立健康理念，实施公共卫生政策。将健康扶贫融入所有政策，建立了"政府主导＋专业服务＋全民参与"的共同推动机制，利用公共卫生、健康促进、"4+1"服务团队、"三进三送"、县电视台"卫计之窗"，多形式广角度宣传医保政策、大病保险、民政救助等有关卫生计生优先优惠政策，结合"13885"健康促进模式改革要求，以农村卫生"村级三件事"为抓手，扎实推进国家的基本公共卫生服务，保障群众身体健康。精准施策，全面推行基本公共卫生服务均等化，国家免疫规划疫苗接种覆盖率以乡为单位达到了 100%。精准识别，规范开展 65 岁以上老年人、高血压病、糖尿病、重性精神疾病等慢性病患者健康管理，大力普及健康教育知识，为农民发放健康工具包。精准防控，艾滋病、结核病、地方病、急性传染病、新发传染病得到有效控制。实施"两癌"检查，提升幸福指数，对贫困村妇女免费进行"两癌"检查，精准摸底，精准建档，深入开展农村孕产妇住院分娩补助和孕前、孕早期补服叶酸预防出生缺陷，构建起以疾病预防控制机构、县级医疗卫生单位、基层医疗卫生机构的县、乡、村三级常态化卫生应急管理体系，形成了县、乡"120"急救网络，所有疫情和突发公共卫生事件均得到了及时有效的处置。开展未病先防，加快保健步伐。健全完善干部职工保健工作制度，倡导健康积极向上的生活理念，强化有病重治疗向未病先预防转变，建成集健康宣传、身心保健、中医养生、安全用药等为一体的县级健康管理中心，广泛开展中医治未病，健康大讲堂等保健养生服务，发送健康保健知识信息 3 500 万余条，发放《营养膳食指导手册》《中国公民健康素养》等 4.5 万多册，有效提升了广大城乡居民健康素养和健康水平。

🔍 案例分析

　　本案例中，岷山县健康扶贫工作牢牢抓住了四个环节。第一，从医疗卫生到生活环境革新了健康理念。第二，健康医疗、健康保障、健康服务进入政策并体现在解决农民实际困难上。第三，精准施策、民众受惠的健康工作机制。第四，政府服务、政策服务、专业服务、民众参与、资金支持和设施改善的健康服务。基于这个工作链条，岷山县扶贫工作真正做到坚持以人为本，健全保障体系；立足健康扶贫，完善工作机制；夯实基层基础，改善医疗环境；创新服务模式，提升健康素养。

案例二

甘肃定西健康精准扶贫

　　卫生计生事业既是民生工程，更是精准脱贫的重大工程。2015 年以来，甘肃省定西市卫计委把突出医改重点任务，攻克薄弱环节、提供优质服务、使群众获得改革红利，作为"精准医疗"的重要抓手，助推扶贫攻坚任务的有效落实。

　　1. 定"十大举措"，做实精准扶贫

　　一是加快标准化村卫生室建设；二是提高贫困村乡村医生

待遇；三是强化乡村医生培养培训；四是充实乡镇卫生院卫生技术人员；五是加强县级医院重点专科建设；六是建立引导医疗卫生人员到贫困地区工作的政策机制；七是提高贫困人口新农合住院费用报销比例；八是提高贫困人口大病保险报销比例；九是减轻患者医药费用负担；十是增强计生家庭发展能力。通过加大宣传力度唱响精准扶贫，落实各级责任紧盯精准扶贫，结合十大任务做实精准扶贫，实施健康促进助推精准医疗服务精准扶贫，深化联村联户力促精准扶贫，端正党风行风倾心精准扶贫，使卫生计生部门在精准扶贫的主战场大显身手，展示风采。

2. 推行精准医疗助推精准脱贫

在精准扶贫精准脱贫中，定西市卫计委明确任务书，挂出作战图，以精确滴灌、攻坚克难，摸索出了行之有效的新经验，开创了可学可借的"渭源模式"。

一是实行支付方式改革。在全市实行单病种付费、总额预付等支付方式改革；在渭源县率先推行打包付费，建立费用控制奖惩制度，根据相关指标测算，确定本年度各定点医疗机构门诊、住院补偿费用总额，按周期预拨一定比例的总额包干费用，定期结算、年底决算，对总额包干费用有结余的医疗机构，结余部分归医疗机构所有，并在拨付下一周期总额预付资金时予以奖励；实际补偿金额超过包干总额的，超出部分由医疗机构承担，并予以处罚。2015年，全市参合农民平均实际住院报销比例为59.17%（不含大病保险），较上年增长3.52个百分点。各级医疗机构通过支付方式改革次均费用较上年下降4.2%。

二是扩大大病保障范围。将保障病种由27种增加到50种，普遍实行新农合、大病保险、民政救助"一站式"服务和即时结报。2015年重大疾病共补偿8 052人次，补偿费用9 576.14

万元，平均每人次补偿 11 892.87 元，实际补偿比 66.16%。

三是推进分级诊疗改革。在 2014 年试点的基础上，积极调整新农合分级诊疗政策，县级医院病种增至 100～170 种，乡镇卫生院 40～60 种，基层首诊、分级诊疗、双向转诊的就医新格局正在形成。2015 年内共住院补偿 32.59 万人次，转外住院病人占 13.58%，转外住院补偿资金占 36.52%。

四是推动医疗一体化。以定西市人民医院加入兰大二院医疗集团为契机，探索建立"医疗联合体"，着力打造集医疗、教学、科研、急救为一体的三甲等综合医院。充分发挥好市人民医院区域医疗中心幅射带动龙头作用，按照强龙头活龙身带龙尾，促成全市卫生"一条龙"发展的思路，构建市、县、乡、村"组成联盟、上下互动、资源共享、抱团发展"的新格局，通过专家下沉，引导资金下沉、病人下沉，使群众就地就近享受更加优质的医疗服务。

🔍 案例分析

本案例中，甘肃的医疗扶贫重在"精准"，旨在"医改"，改革支付方式，扩大大病保障范围，推行分级诊疗改革，推动医疗一体化，大大提高了群众的就医时效和报销时效，使群众有病敢就医、能就医、就医有保障，形成了可学可借具特色的"渭源模式"。

 案例三

四川大学华西医院助力健康扶贫

作为国家部署在西南唯一的委属委管综合性医院，四川大学华西医院不仅肩负四川人民健康责任，同时支撑云南、贵州、西藏、新疆等西部省份卫生事业发展。该院从对口支援到精准扶贫，从指令任务到主动下沉的经验，以期实践检验"三级一体协同联动"精准健康扶贫模式。

1. 聚焦党委统筹引领，强化帮扶精准"内生动力"

医院以"使西部人民不出川就可以享受到东部发达地区的医疗技术水平""大病不出县"为愿景，打造"家国情怀"和"平民情结"相结合的文化，保持自觉主动的健康扶贫，提供牢固的思想信念保障。坚持党委统筹，巩固和发展院领导牵头、支部书记和党员带头、党员带民主党派人士的"下基层"模式，提供稳固的人员保障。

2. 聚焦贫困家庭档案建设，帮扶精准到户

医院开展"十院百科帮百村"专项扶贫活动，由10位院领导会同相关科室，对口联系甘孜州10个县的300户贫困家庭，开展入户调查和健康普查，掌握因病致贫家庭的贫困类型、致贫原因、家庭收入、病种分布等基本情况，建立了贫困人口"因病致贫、因病返贫"档案，完善管理数据库，并根据每村每户特定情况制定相应的扶贫计划，将精准扶贫落实到户。

3. 聚焦健康扶贫全链条，帮扶精准重预防

一是着眼四川省全域，自筹建成全国最大的统筹城乡区域协同医疗卫生服务体系，与21个市州、183个县乡的572家基层医院（其中县级医院占59%，乡镇卫生院占27%）共建网络联盟，实现地市州和县级行政区划全覆盖，为基层群众的健康水平提供有力支撑。二是以偏远山区和民族地区等医疗条件最薄弱区域为帮扶重点，突出开展对省扶贫攻坚重点州——甘孜、阿坝自治州的健康帮扶。自2005年起，持续对口支援；2013年起坚持每年派出巡回医疗队赶赴甘孜和阿坝州开展健康教育、诊疗服务、业务指导、技能培训，实现了对两州全域医疗骨干的培训全覆盖。

4. 聚焦因病致贫主要病种，帮扶精准克"病根"

一是针对大骨节病和肝包虫病等地方病，在坚持组织专家组赶赴边远重灾区现场诊治的同时，实施地方病防治的"交钥匙"工程。在坚持近10年研究攻关的基础上，形成了贴合当地实际的一整套预防诊疗方案，并对当地医务人员进行防治技术培训，有效提升了地方病的治愈率，基本实现了地方病治疗不出州。二是针对乙肝、结核、艾滋病等区域高发传染病，设立了涵盖100万人口的三大传染病综合防治示范区，经过10余年探索研究，完成了75万人口的电子健康信息档案，形成了"政府—医院—疾控"三位一体、依靠区县—乡镇—社区（村）556家公共卫生和医疗卫生机构、依托健康信息网络建设的新型传染病防治模式。

5. 聚焦基层医疗卫生服务能力提升，帮扶精准促"造血"

一是管理帮扶到院。通过选派管理团队或干部挂职等方式，毫无保留地分享华西全套管理制度，全面提升医院管理水平和学科建设水平，已帮助4家市县医院实现等级提升。二是技术帮扶到科。结合基层医院科室缺失、薄弱情况和当地高发疾病类型，通过派出医疗骨干、科室与科室结对子、"团队—团队"专项培训、组建多医院专科联盟等方式，实现诊疗技术—专科建设—医院等级—医院管理全序列支援，极大地提升了基层医院的诊疗水平。三是培训帮扶到人。坚持开展少数民族特培、西部人才培养、万名医师支援农村卫生工程、城乡医院对口支援等项目，每年为470余家基层医疗机构免费培训医疗骨干，为基层培养好医生、让好医生拥有好技术，为病人看好病、为基层留住病人，真正解决看病难、看病贵的问题。

6. 聚焦贫困患者关注，帮扶精准补费用

医院建立健康扶贫办公室和专门工作小组，自筹设立每年200万元的专项基金，并对经费进行科学、规范、高效的管理。

对建档建卡贫困人口来院就诊，积极协调当地医保与政府、社会慈善基金和医院三方统筹支付，在减轻贫困患者负担的同时使资金发挥最大效用。

🔍 案例分析

　　医院—州—县三级主体应职责明确，联建、联合、联动。党建引领、把准方向是精准健康扶贫的组织保障；对象识别、信息翔实是找准根因、对症扶贫的前提条件；宣教前置、预防干预是降低因病致贫、因病返贫的有效手段；本地为主、分级诊治是精准治疗的协同机制；资源整合、项目推动是建强基层、提升能力的路径依赖；政策导向、多元联合、后效评价是精准资金使用的督促保证；有品牌、有成果、有影响，像学科建设一样开展精准健康扶贫工作是构建科学工作体系的智慧支撑。基于实践经验的规律总结还有赖于实践的进一步检验和完善，从而构建整体着手、专业发力、行业交叉的综合治理大精准健康扶贫格局。

第二部分
警钟长鸣：扶贫领域腐败案例与剖析

　　长期以来，纪检监察机关在推动脱贫攻坚政策措施落实、加强扶贫资金监管等方面发挥了重要作用。国务院扶贫开发领导小组办公室按照中央和中央纪委的要求和部署，加强统筹协调，加大督查考核，强化责任落实，完善扶贫资金项目管理监督和以结果为导向的资金分配机制，将扶贫资金项目审批权限下放到县，开展贫困县资金整合工作。健全公示公告制度，设立"12317"扶贫监督举报电话和主任信箱，加强审计整改，与最高人民检察院开展集中整治和预防扶贫领域职务犯罪专项工作。通过多措并举，扶贫领域违纪违法问题得到了一定的遏制。但也要清醒地看到，在实际工作中仍存在不少薄弱环节和问题。有个别基层单位和基层干部法纪观念淡薄，渎职失职和利用职务之便挤占挪用、层层截留、虚报冒领、优亲厚友、挥霍浪费扶贫资金等问题时有发生。有个别干部不敢面对困境，开拓意识不强，存在着"不作为""懒作为"。有的地方仍重"面子"重"形象"，在落实贫困县约束机制、反对"四风"和严格落实中央八项规定精神上不到位。在深入实施精准扶贫精准脱贫，扶贫资金项目审批权限下放和贫困县统筹整合使用资金等新形势下，资金延压、闲置等新问题又逐步显现，进一步做好扶贫领域监督执纪问责工作须臾不能松懈。

本书所举案例涉及贪污、受贿、挪用、渎职等常见的职务犯罪，意在广大基层扶贫干部引以为戒、不忘初心，慎用手中权，一丝不苟守护好贫困群众的"保命钱""救命钱"；时刻警醒自己，常思贪婪之害，常怀律己之心，自律、自重、自省、自觉地筑起拒腐防变的心理防线，不断提高拒腐防变能力，为坚决打赢脱贫攻坚战贡献力量。

一、任人唯亲

 **案例一**

重庆大足区季家镇人大办主任丁桂友违纪

"忘了自己党员干部这个身份，公私不分，没把纪律当成硬杠杠。"重庆市大足区季家镇人大办公室主任丁桂友剖析自己的违纪问题时坦承。

2015年夏天，大足区召开扶贫攻坚会议，部署扶贫工作，要求各镇各村结合本地实际编制实施方案，涉及工程建设的要按照招投标或议标公示公告、签订合同、完善项目建设资料的程序来开展。

随后，季家镇对梯子村、柏杨村两个贫困村的扶贫工作进行安排，结合两个村的自然条件和市场需求，决定种植李子、核桃、花椒等经济作物。

"李子130亩、核桃380亩、花椒100亩，建成挂果后，只要市场不出现异常波动，就能从根上解决两个村的贫困问题，村民可以实现就地就业脱贫。"季家镇一名参与扶贫工作的干部表示。

为了保证项目的迅速落实，季家镇安排镇人大办公室主任丁桂友负责这两个项目的具体实施。

"当时主要是考虑到他曾长期在镇农业服务中心任职，对这块工作比较熟悉，推动起来比较快。"季家镇相关负责人解释说。

丁桂友接到任务，并没有按照区里规定的"流程图"来开展工作，而是打起了自己的小算盘："肥水不流外人田"，妻子正在经营苗木种植和管护生意，何不让自家人来做？

但是，区里的规定丁桂友也清楚，他事后坦言："有过思想斗争，却败给了侥幸心理，觉得自己熟悉农作物种植，妻子的公司又是现成的，这样的机会不愿错过。"

于是，丁桂友找到梯子村村委会主任罗红杰和柏杨村村委会主任周宗亮，向二人提出希望能将两个村子的种植和管护项目工程直接给其妻子所开办的公司来完成。

罗红杰、周宗亮一开始心里也是有些"打鼓"，但考虑到丁桂友是镇里的干部，平时也多有接触，碍于情面，二人便同意了对方的提议，未进行招投标或议标、公示公告，直接与丁桂友的妻子签订项目合同并开展了项目建设。

项目建设中，有认识丁桂友的村民发现来种植现场指导养护工作的都是他的妻子、岳父等家里人，而且他们还发现项目建设没有公示。村子里开始传言丁桂友假公济私，有的群众直接向区纪委进行了举报。

区纪委随即组成调查组，对丁桂友涉嫌违纪问题进行调查。面对调查，丁桂友一开始找各种借口为自己开脱，"这项工作时间紧、任务重要求高，妻子的公司技术和资质符合条件，当时一心想完成任务，忽略了程序上的一些规定。"

"你是党员干部，利用本人职权或者职务上的影响谋取私利就是违反廉洁纪律。"调查人员对照《中国共产党纪律处分条例》，把丁桂友驳得哑口无言。

面对纪律规定，丁桂友逐渐认识到问题的严重性，承认了自己的错误，表示服从组织的处理，今后将严格对照党规党纪要求自己，绝不触碰纪律红线，2016年6月，大足区纪委给予丁桂友党内警告处分。

查处一案警示一片。大足区将丁桂友的违纪问题进行了通报，这个消息也在季家镇迅速传开。"现在干部管得严，我们举双手赞成，"一位村民表示，"特别是上面发下来用来扶贫的资金和项目，关系到我们的切身利益，干部不乱来，百姓才能得实惠。

 **案例二**

福建诏安县西潭乡原副乡长
钟武钦严重违纪案例

"奇怪？为什么这个美营村享受生产性扶贫补助资金的户数比其他村的多？而上营村却一户都没有？"2015年11月，福建省诏安县组织开展2014年度生产性扶贫补助资金使用情况专项检查，当检查组在西潭乡（现为西潭镇）检查时，上述问题引起了检查组的注意。

"其中必有'猫腻'"。问题线索引起县纪委主要领导的高度重视，当即指示启动调查程序。

补助指标分配中特别"照顾"老家村

西潭乡位于诏安县的西南部，是一个农业大乡，辖区群众大多以农业生产为生，为响应国家扶贫攻坚号召，帮助个别困难农户尽快脱贫致富，2015年3月，诏安县扶贫办下达给西潭乡2014年度生产性扶贫补助资金32户指标，每户补助2 000元。金额虽然不大，但对于特别困难的群众来说无疑是"救命钱"。

作为镇分管扶贫工作的副乡长钟武钦，并没有把此事放在心上，只是口头向镇主要领导简单汇报了一下分配计划，便匆匆召开由村主任、统计员参加的工作会议进行分配。虽然主观上对此项工作消极应付，但在具体分配名额上，钟武钦又特别重视，看似矛盾的行为背后，藏着他内心的"小九九"。

钟武钦第一次对 32 户指标进行分配时，以西潭乡上营村没有派人参加会议，不重视扶贫工作为由，自作主张取消该村的补助指标。剩下的 16 个村每个村 2 户名额。

随后不久，县扶贫办给西潭乡追加 4 户指标，在其他村不知情的情况下，钟武钦悄悄地安排给了自己的老家美营村。

"我就想着美营村是少数民族村，人口多，我作为这个村土生土长的人，还是要给村里多做贡献。"当调查组就此要求其作出解释时，钟武钦还强词夺理，"所以就把第二次的 4 个指标全部给了美营村。"

就这样，在未经镇班子会研究的情况下，钟武钦分配给自己老家美营村 6 个名额，其他 15 个村每村仅分配到 2 个名额，还有 1 个村 1 个名额都没有。

有车有公司者却成扶贫对象

倘若这 36 户均符合补助条件也算达到政策目的。然而，调查人员对 36 户补助对象详细调查后又有了新发现，有的补助对象家里已经购买了汽车，有的补助对象家属是个体工商户，有的补助对象家属甚至注册了公司，这些情况显然不符合生产性扶贫补助的要求。

据了解，按照诏安县扶贫办的要求，2014 年度生产性扶贫资金的补助对象必须在已经建档立卡的贫困户中筛选，不能随意申报。既然是在建档立卡的贫困户中筛选，为何出现有车有公司的人分到指标的情况呢？调查人员顺藤摸瓜，对西潭乡

2014 年贫困户建档立卡工作进行仔细排查，发现竟有 67 户不符合贫困户建档立卡的有关要求。

这么重要的工作，却一再出错，原因何在？

"在开展贫困户建档立卡工作时，由于户数多，时间紧，我就没有按照上级要求逐户调查核实，信息存在不准确的情况，录入信息系统时也存在个别填写不规范、漏报的情况。面对调查人员的询问，钟武钦终于意识到了自己的错误，"各村上报的补助对象也是从扶贫对象建档立卡信息系统中调取相关材料，我没有组织入户调查，认真审核、核对相关信息，只是简单地指示工作人员上报。"

"西潭乡共有 6 户不符合领取补助资金的对象，他们是否与你存在社会关系？"调查人员继续追问。

有一户是我的宗亲。美营村在上报补助对象时我看到名单里有我宗亲的名字，我想反正也是贫困户就让村里照顾一下。村里也按照我的意思上报了，但是我对他的家庭情况实际上并不了解，没想到他其实不符合补助条件。"事实面前，钟武钦终于惭愧地低下了头，"作为分管领导，我在贫困户建档立卡和补助名额分配中，认识不到位，工作不扎实，优亲厚友，给西潭乡的扶贫工作带来了负面影响。"

扶贫工作不能有丝毫麻痹大意

2016 年 8 月，诏安县纪委给予钟武钦党内警告处分并在当地通报，在群众中引起了热议。

有村民告诉记者，一些扶贫的优惠政策往往是等到公示了，"人头定了"大家才知道，虽然也知道公示出来的人有"够不上"的，但都是乡里乡亲，知道了也不能说什么。

"那天村里在公示我就怀疑有问题了，比如我就看到我们村一户家庭条件在村里还属于中上的竟然也在列，我当时就摇了摇头。说白了，同个村谁个穷谁个富，我们心里都是一清二楚的，你乱来，群众看在眼里、骂在心里。"西潭乡美营村村民老钟说。

"钟武钦被党纪处分，实实在在地给我提了个醒，不管是贫困户建档立卡还是补助分配，都是国家扶贫政策的具体落实，关系群众切身利益。不能有一丝一毫的麻痹大意。"诏安县扶贫办一名工作人员说。

针对该案暴露出来的问题，诏安县纪委迅速抽调县扶贫办、县财政局、县审计局等部门人员组成检查组对全县扶贫领域进行检查，检查范围从生产性补助扶贫资金延伸到扶贫对象识别、扶贫项目安排、扶贫资金使用等，并相继出台了《诏安县扶贫资金常态化监督检查试点工作方案》《诏安县扶贫领域专项检查工作方案》等文件，进一步堵塞漏洞，护航精准扶贫。

 案例三

广西防城港市港口区扶贫办原主任
陈杰腐败案例

广西壮族自治区防城港市港口区扶贫办原主任陈杰在接受组织调查的日子里，不时会想起自己20多年的工作历程，面对昔日的辉煌和今日的不堪，他常常陷入深深的悔恨中。

陈杰20岁入党，通过数十年努力先后当上了港口区农业局局长和扶贫办主任。熟悉他的人反映，陈杰从来都是无利不起早，凡事"利"当头。

在该区扶贫办，产业扶贫专项资金每年只有三四十万元，可在陈杰贪婪的眼里，一样蕴藏着捞钱机会。适逢上级拨付专

项资金，要求采购鸡苗免费发放给贫困村民，陈杰心中一阵窃喜："机会来了！"

经人介绍，他结识了当地以贩卖饲料、鸡苗为生的马某，马某与陈杰年龄相仿，整天兄长弟短，曾多次请求陈杰"关留"，一起发财，得知陈杰要将鸡苗采购业务交给他，马某欣喜若狂，然而，他也知道，素有"铁公鸡"之称的陈杰，绝不会白给自己这么一块"的饼"，果不其然，陈杰很干脆："项目可以给，但钱要一起赚。"一个"互惠"协议迅速达成：马某提供的鸡苗价格为每只6.5元，陈杰在每只将苗上抽取好处费，有时是0.95元，有时是1元，几年来，每进一批鸡苗，马某都会"信守诺言"，按时兑现。

俗话说"没有不透风的墙"，自以为做得天衣无缝的陈杰在区纪委一次民生资金监督检查中露出了马脚：一是鸡苗发放清单上登记的数量与贫户实际领到的数量出入过大，如有的扶贫户领了10只，但清单上登记的却是20只。二是存在冒名签领。扶贫户几乎全部称清单上的签名不是自己的亲笔签名。由此揭开了扶贫鸡苗背后的黑幕，小鸡苗最终成为陈杰的大"克星"。

经查，陈杰在担任港口区扶贫办主任期间，独断专行，"力排众议"，将该区鸡苗采购业务交给"好兄弟"马某的鸡苗公司，而马某所谓的鸡苗公司实际上就是他以前贩鸡的场地，根本未取得养殖场授权。2010—2014年，陈杰先后收受马某好处费共计20.28万元。

此外，调查中还发现陈杰在该区扶贫办组织开展的多个基础设施扶贫项目中，帮助多家建筑公司获得项目，并收取好处费。

从组织对陈杰进行审查的那一刻起，他就已经后悔不选，积极退出赃款35万元。但早知今日，又何必当初？2015年12

月 18 日，陈杰受到开除党籍、开除公职处分。2016 年 7 月 2 日，港口区人民法院以贪污罪受贿罪判处其有期徒刑 5 年，并处罚金 50 万元。

二、损公肥私

 案例一

贵州石阡县人大常委会原副主任
田良昌腐败案例

田良昌，男，1972 年 9 月出生，历任贵州省石阡县农办主任、汤山镇党委书记，石阡县人大常委会副主任等职。在汤山镇党委书记任上，他严重违反纪律，伙同他人通过虚构工程项目、虚报工程量等手段套取国家民生资金，共计侵吞公款 101.12 万元，其个人非法所得 34.14 万元。

2015 年 8 月 12 日，铜仁市中级人民法院认定田良昌犯贪污罪，判处其有期徒刑 8 年。

目中无纪，虚列项目资金发"福利"

汤山镇，石阡县人民政府所在地，承载着该县城镇化、经济社会发展的重任。2010 年 9 月，经过慎重选择，组织上决定由田良昌担任汤山镇党委书记。然而，上任不到 3 个月，田良昌就把组织的信任抛到了脑后，在 2011 年初给全镇干部考虑年终福利时，不忘"多考虑"一下自己和其他 2 名镇领导，从国家民生项目资金中虚列 21 万元，田良昌本人分 8 万元。

初尝甜头的田良昌一发不可收拾，把国家下拨的民生项目资金当成自家的"提款机"。

2011年4月，田良昌又以"领导用钱"为借口，安排时任镇长朱永清（另案处理）等人虚列该镇龙凤村基本口粮田项目资金12万余元，将其中6.5万元据为己有。

2011年5月，田良昌又以"跑项目"为借口，安排朱永清等人虚列该镇挂帮山村基本口粮田项目资金11万余元，将其中10万元据为己有。

"任性"书记遇上"失意"镇长，沆瀣一气狼狈为奸

田良昌在任汤山镇党委书记期间，能如此"任性"用权，除了自身因素之外，还有一个外因，那就是他的搭档——镇党委原副书记，原镇长朱永清。

朱永清是汤山镇成长起来的干部，从普通工作人员一步一步干到镇长。2010年上半年，汤山镇党委书记一职出缺时，他满怀希望，自以为为汤山镇的发展贡献大，认为非自己莫属。不料，等来的是田良昌任党委书记。得知这一决定后，朱永清满腔的希望化为泡影，其人生观和价值观也发生变化，从寻求仕途上的升迁，转而寻求"经济"上的平衡。

在田良昌任党委书记不久，朱永清就向田良昌汇报称，按惯例要考虑干部职工福利等年终支出，共需"统筹"80余万元的资金。然而汤山镇本身财力有限，这么一大笔资金从何而来？

当田良昌听到朱永清汇报需要"统筹"80余万元资金之后，就问朱水清如何"统筹"？朱永清回答说从"项目上统筹"。田良昌明白从"项目上统筹"的含义——那就是通过造假套取民生项目资金，其不仅没有制止，反而积极安排朱永清牵头落实。

朱永清在得到书记安排的"任务"之后，又向书记提出："我们几个作为主要领导，工作辛苦，应酬多，可否多考虑点。"这正合田良昌的心意，两人一拍即合。最终，朱永清安排相关

人员，编制了 2010 年贫困用煤补助，高楼村生态移民等 5 个项目的虚假资料，共套取 86 万余元的项目资金。

通过这次"合作"，田良昌、朱永清摸清了对方的心思，从此，"任性"的书记和"失意"的镇长开始不断"合作"套取国家项目资金。

"上梁"不正，带坏一批干部

上梁不正下梁歪。

田良昌与朱永清二人的种种行为很快传开，在两人的"示范"作用下，汤山镇部分干部职工也按捺不住心中的贪念，"跃跃欲试"。

2013 年 4 月以来，在汤山镇系列腐败案中，先后有原副镇长付某、卓某，镇财政所原所长雷某、镇党政综合办原副主任符某等十余人因涉谦严重违纪被移送检察机关立案侦查，二十多人受到党纪政纪处分。

执纪者说："手莫伸，伸手必被捉"。道理人人都清楚，但当面临选择的时候，有的人却抱着"不一定会发现"的侥幸心理。田良昌正是如此，他曾两次前往纪检监察机关"主动交代"自己的问题，特别是 2012 年 6 月，他因违反财经纪律和廉洁纪律被铜仁市纪委给予党内严重警告处分时，他本有机会坦白，却选择了继续隐瞒——编造谎话欺骗组织，认为只要自己不说组织就查不到，最终付出沉重代价。

"面对犯下的罪行，我悔恨万分、寝食难安！觉得愧对组织……我调到汤山镇工作时，我爱人对我说：田良昌，汤山镇的工作任务很重，人际关系也很复杂，我虽然不懂你的工作，帮不上你什么，但你一定要稳稳当当地干，我们不求荣华富贵，只求平平安安。面对亲人的提醒，我却用犯罪的后果背叛了她们。如今，我身处高墙内，妻女在外为我肝肠寸断，撕心裂肺……"田良昌落马后，声泪俱下地忏悔。早知今日，何必当初！

 案例二

吉林长春市二道区吉林街道丹阳社区
党总支原书记马玉凤违纪案例

2016 年 3 月 21 日，吉林省长春市二道区纪委严肃查处了吉林街道丹阳社区党总支原书记马玉凤严重违纪问题，引起群众广泛关注。

经查，马玉凤在任吉林街道行政事务中心副主任兼民政助理期间，利用职务和工作上的便利，制作虚假材料，与相关人员打招呼，为其亲属骗取国家保障性住房 2 套，违规为他人办理低保，获取低保金 5.1 万元。

弄虚作假，为其弟申购保障房

据二道区纪委工作人员介绍，马水至是马玉凤的胞弟，离异且身患癌症，靠在饭店打零工维持生计，长期以来租房居住。身为姐姐的马玉凤总是惦记着弟弟的住房问题。

2010 年，长春市政府为改善市民的居住条件，对无房的低收入家庭可在户口归属地提出申请保障性住房。而此时，马玉凤正担任二道区吉林街道民政助理兼行政事务中心副主任，负责保障性住房申购材料审核工作，熟知保障性住房的申购流程。且在街道、社区工作多年的她，与社区负责入户调查的低保专干关系熟络，在她看来，为其弟改善居住条件的时机终于来了。

2010 年 2 月，在马玉凤的授意下，马水奎暗中为申购保障性住房做种种准备：在个体复印社更改了复印件的户口信息，制作了一张 2005 年迁入二道区的户口本复印件，伪造了房屋租赁合同……另一边，马玉凤也悄悄与社区工作人员打招呼，授意他们违反工作规定，不进行入户调查，伪造导签字。

就这样，在马玉凤的"精心"策划下，马永奎的申购材料顺利通过社区审核，此后，马永奎的申请材料就像穿上了"隐身衣"，通过层层关卡，使他顺利取得了保障性住房的申购权，最终仅以 8 万元的价格，购得了一套保障性住房。当时，马永奎的户口并不在二道区，根本没有资格申请购买保障性住房，为了掩盖这一事实，在马玉凤的帮助下，马永奎于 2012 年 2 月将户口迁入二道区吉林派出所。

冒名顶替，为其父申购保障房

尝到为其弟弟申购保障性住房的甜头后，马玉凤又铤而走险，为其父马守琪谋划着。这时，一个人名浮现在她的脑海——"刘娟"。拿定主意后，马玉凤套用之前的手段为其父亲申购保障性住房，最终，以刘娟的名义成功申购了一套保障性住房。

二道区纪委接到的举报信中曾提到，刘娟此人已经去世，但为何其低保却一直有人在领取？刘娟究竟是谁，为何马玉凤掌握刘娟所有的个人信息，马守琪为什么能够一直占有着刘娟申请的保障性住房而从未有人提出异议？调查组一边从刘娟个人信息着手，一边设法从马玉凤处找答案。

然而，调查进展并未如想象般顺利。调查组通过各种渠道寻找刘娟，但刘娟如人间蒸发一样，就是找不到其本人，而在找马玉凤本人了解刘娟情况时，她却显得异常平静，一口咬定对此人"不认识、不了解，不知情"，调查一度陷入僵局。

纸终究包不住火。不久，两路人马纷纷传来捷报，谜底被层层揭开。同时，马玉凤的另一违纪事实也浮出了水面。

瞒事实，为其亲属骗取低保金

经调查发现，刘娟系马玉凤父亲马守琪的外甥女，本人已于 2000 年在沈阳定居。早在 2007 年，马玉凤在明知刘娟不符合规定的情况下，利用职务之便为其办理了低保，且由刘娟的婆婆代为领取使用长达 8 年之久。而更令人唏嘘的是 2011 年 10 月 15 日，刘娟因抑郁症在沈阳家中自杀身亡。在明知刘娟已死的情况下，马玉凤的婆婆居然采取戴口罩等乔装方式继续冒领 2 万余元低保金。违规领取低保金共计 5 万余元。

在扎实的证据面前，马玉凤最终流下了悔恨的泪水，对自己利用职务之便为亲属谋取利益的行为供认不讳，悔恨不已。

她坦言："我在基层工作多年，使许多居民生活得到了改善，想到同样生活窘迫的父亲和弟弟却没从自己这里得到一点点实惠，便动了私心，产生了利用工作便利，为他们谋点好处的想法。"

亲情可贵，但党规党纪不容践踏！2016 年 3 月，马玉凤被给予留党察看 1 年，行政降级处分，违纪款物予以收缴。

 案例三

福建宁德市老区办原主任郎华安严重违纪案例

福建省宁德市是土地革命和抗日战争时期中国共产党创建的革命根据地所在地之一，全市老区人口 330 多万，其中，老区基点村 161 个，涉及扶贫开发重点村 36 个。近年来，宁德市委、市政府投入大量资金，全力推进老区发展，成果丰硕。

然而，宁德市通过信访举报、项目审计等发现，有人把国家扶贫政策当成"发家致富"的大好机会，借老区扶贫项目申报、资金拨付等事项肆意敛财，影响恶劣。这些问题线索，直

指市民政局原党组副书记、副局长，老区办原主任（正处级）郎华安。

2016 年 12 月，宁德市中级人民法院判定郎华安利用职务便利，在老区项目申报、老区资金拨付中为他人谋取利益，非法收受相关单位及个人贿赂 42.76 万元，以受贿罪判处其有期徒刑 3 年。

本应服务基层单位，他却"顺便"要求报销发票

郎华安为老区服务本是职责所在，可他却以此为据，恬不知耻地向帮助过的单位要好处。执纪人员表示，郎华安向基层单位索贿，一般先主动在老区建设项目、扶贫资金拨付上提供帮助，然后"顺便"要求基层单位帮助报销个人发票，这种伎俩，他屡试不爽。比如，2011 年 3 月，他为古田县平湖镇端上村修路资金拨付提供帮助，之后便主动联系平湖镇党委原书记魏某某，要求报销发票 1.5 万元，利用这种手段，他先后向十多家单位索贿。

华安"米注"的扶贫项目，一些是基层单位或个人主动申报的，一些是他主动"要求"基层申报的。比如，蕉城区某乡镇领导反映，2010 年的一天，郎华安打电活给他，主动表示当地一科技示范园项目可以申报资金扶持，让流乡镇赶紧组织材料申报。乡镇主要领导觉得该项目可申报扶持的资金少，且手续繁琐，本不想申报，但碍于郎华安面子，勉强口头应承。岂料不久之后，郎华安就打电话催促，并要求乡镇在项目资金拨付后，帮他报销几千元发票。很快，需要报销的发票就寄到了该执纪人员表示，郎华安连宴请亲朋好友的饭钱，也要求有关单位处理。2011—2012 年，他在福鼎请亲友吃饭，餐后要求福鼎市老区办结账，前后 7 次共计 9 882 元，均在当地老区办报销。

"只是小打小闹，纪委不会查到我头上"

"我母亲都80多岁了，怎么经受得起这么大的打击……落到今天这个下场，我罪有应得。我辜负了组织30多年的培养，从心灵深处感到惭愧。"面对铁窗，郎华安回想起自己一步步滑向违纪违法深渊的过程，悔恨不已。

郎华安作为老区办一把手，本应发挥"关键少数"的带头作用，在扶贫攻坚战中发光发热。然而，他放松学习，不思进取，业余时间只顾胡吃海喝，全然忘记了党员干部必须要守住的底线。落马后，执纪人员发现其纪律意识淡薄到了极点，"他甚至觉得单位的钱就是自己的钱，想给谁就给谁，全凭自己说了算"。

落马后，郎华安表示，看着打了那么多的"老虎""苍蝇"，虽然震惊，但完全没有想到自己也会有这么一天。他觉得自己只是吃吃喝喝，拿个百八十的，平均下来每年才三四万，数目不大，只是小打小闹，纪委不会查到自己头上。正是这种侥幸心理，让他肆无忌惮，步入深渊。

执纪人员表示，郎华安接受组织调查时恰好59岁，与一般的"59岁现象"不同的是，他不是趁着退休之前狠狠地捞一笔，而是细水长流，蚂蚁搬家，最大的一笔也不过几千元，受贿时间跨度长达十多年。临近退休时，他自以为能"安全着陆"，不料天网恢恢，最终难逃惩处。

健全工作机制，扎紧制度笼子

郎华安对老区扶贫资金"雁过拔毛"，影响恶劣，教训深刻。

工作机制不健全，权力寻租空间大。**一是扶贫工作管理体制不健全。**老区办在政府部门中排名靠后，但钱多权力大，基本由老区办负责人说了算，行使权力具有很大的主观性和随意性，如2012年，郎华安因购买药品与在福鼎市城区开药店的叠石乡库口村村民赵某相识，赵某正在筹集资金为库口村修路，便向郎华安求助，果然很快就得到资金支持，之后赵某为郎华安报销个人发票 9 000 元。**二是扶贫资金管理机制不健全。**由于扶贫资金主管部门只注重原始单据合规性、合法性，忽视扶贫项目管理过程参与和工作真实性审核，导致扶贫资金管理和拨付混乱。**三是项目单位"养虎为患"。**为了和扶贫部门建立良好关系，项目单位认为只要自身利益不受损失，对扶贫部门的要求"来者不拒"。如 2008 年，郎华安为福安市赛岐老区科技示范园项目资金申报提供帮助后，要求在赛岐镇政府报销一些发票，项目补助款到手后，镇政府迅速给他报销了发票。

监督措施乏力，致使权力运行失去有效制约。一是上级监督缺位，扶贫项目实行县级审批、市级审核、省级备案，上级扶贫部门只对下级扶贫部门进行业务指导，无法进行有效监督。虽然同级政府具有监督职能，但大多数政府分管领导重业务轻党建，主体责任落实不到位。二是内部监督乏力。2015 年老区办与民政局党组归口，机构改革期间，监管出现真空。三是外部无从监督。老区扶贫资金划拨大多没有纳入公共财政预算，实行层层下拨，封闭运行，群众缺乏信息无从监督。

三、侵吞扶贫资金

 **案例一**

贵州玉屏侗族自治县扶贫办腐败窝案

在贵州省玉屏侗族自治县，一个总人数 27 人的扶贫办，却曝出了腐败窝案，2 名原任领导，6 名现任领导和 3 名中层业务骨干都牵涉其中，令人震惊。

频繁伸手，一把手"近水楼台先得月"

近年来，随着贵州省"大扶贫"战略深入实施，大批扶贫项目和大量资金走向农村。一些别有用心的人把贪婪的目光投向了扶贫领域。而身为扶贫办主任的简光禄则"近水楼台先得月"，他利用职务上的便利，先后对 6 家企业在申请扶贫项目资金过程中给予"关照"，从中获取 27.6 万元好处费。然而，简光禄并不满足于此，他还安排下属对扶贫项目资金进行暗箱操作，以"工作经费"的名义违规向获得扶贫贷款贴息的企业、产业扶持发展项目实施单位和个人收取资金共计 850.8 万元，纳入小金库管理使用，并与班子成员及个别中层干部进行私分，自己从中分得 20 万元。

"贪如火，不遏则燎原"的道理简光禄未必不知，但他就是控制不住自己，心存侥幸顶风违纪，频频伸出不该伸的手，最终在腐败的路上越走越远。

上行下效，干部"携手"走歪路

上梁不正下梁歪。在简光禄的"示范"下，班子成员有样学样，10 名领导干部与简光禄一起"下水"试险。

分管特色产业的扶贫办副主任向辉看到了县委、县政府对中药材产业的重视和扶持带来的"机会"。2015 年 1 月，向辉以 10 万元资金入股某中药材企业，并利用职务上的便利，帮助该企业获取高额项目扶贫补助资金。2016 年 1 月，向辉从中获取 30 万元利润。县扶贫办副主任科员徐东看到别人从中"捞大钱"，自己也不忘从中"捞小钱"，他收受申报扶贫贷款贴息企业老板的好处费，还从小金库中"捞到" 8 万元。由于徐东玩忽职守，对项目审核不严，导致该县某企业以虚假银行贷款资料骗取国家扶贫贷款贴息资金 105 万元。

除了简光禄、向辉、徐东以外，该县扶贫办副主任罗厚刚和雷飞也分别从小金库中分到 5 万元；纪检组长吴本松、原副主任田维宽和原纪检组长柏先杰分别从小金库中分得 7 万元；信贷与社会扶贫股副股长潘艳华收受企业好处费 4 000 元。

侥幸梦碎，纪法惩处"一个都不能少"

任何人都要为自己的贪婪付出代价。2016 年 6 月，简光、向辉、徐东 3 人被给予开除党籍处分，其涉嫌违法问题线索移送司法机关依法处理。田维宽、柏先杰、吴本松、雷飞等 64 人受到党内严重警告处分，潘艳华受到行政警告处分，违纪资金全部收缴。

该案共查处涉案人员 11 人，追缴赃款 378 万余元，涉及金额大，是一起典型的腐败窝案。

剖析简光禄、向辉、徐东等人的腐化过程不难发现，信念缺失、制度不健全和监督管理缺位是他们走向违纪道路的共性因素，因制度不健全、监管存在"盲区"等原因，简光禄等人才能肆无忌惮，才能频繁伸手，以致走上不归路。

"从顶风违纪到贪污受腐，一步步走上不归路，就是被自己的贪婪所害，以致迷失方向，底线失守。"调查期间，简光禄悔恨地说。向辉、吴本松等人在自我剖析中忏悔道："平时不注意思想改造，将党风廉政建设视为走过场、走形式，忽视廉洁自律，触碰了纪律底线，葬送了自己的前程。"

 **案例**二

山东菏泽市定陶区秦王楼村党支部原书记、村委会原主任王现明严重违纪案例

"王现明因虚报套取国家扶贫资金被撤销村党支部书记和村

委会主任职务……"山东省菏泽市定陶县①冉卿镇秦王楼村村民听到这个喜讯奔走相告。时至今日,村民说起这事依然兴奋不已。

早在 2016 年 3 月,定陶县纪委对时任秦王楼村党支部书记、村委会主任王现明涉嫌虚报套取国家扶贫资金、违规收取扶贫户保证金问题立案审查。

经查,2015 年 12 月,王现明通过虚开发票方式,套取国家扶贫资金 14.42 万元,计划用于偿还修路等欠款。上述款项连同违规收取扶贫户保证金共计 18.1 万元,至案发时存放于其个人账户,未按规定入账。王现明受到撤销党内职务处分,并被罢免村委会主任职务,违纪款被收缴,退还扶贫户保证金。

拆东补西,扶贫款上生邪念

2014 年 4 月,秦王楼村根据相关扶贫文件,制定了本村财政专项扶开发项目实施方案,确定以购买小尾寒羊方式扶持本村贫困户养殖脱贫,并向群众进行了公示。2015 年 8 月,冉堌镇将该笔 26 万元国家扶贫款付到了该村。

扶贫专款到位后,在没有公开招标、没有村"两委"其他成员及村民代表、党员代表见证的情况下,王现明和购羊中介一行几人前往济宁市某合作社购买小尾寒羊 182 只,实际购羊花费 9.4 万元,但该合作社开具的购羊发票金额却为 23.82 万元,王现明将该发票入村账。

套取出的 14.42 万元干什么?王现明心中却有一番打算。

原来,2014 年底该镇向县里申请奖补资金,其中包括秦王楼村修路款 15 万元。2015 年 6 月村里开"两委"会要求 6 个村

---

① 定陶县 2016 年 5 月撤县设区。

民小组长先自行筹集资金修路，许诺上级资金拨下来后就还给村民小组，村里的路修好后，县里的奖补资金也没到位，村里没钱给村民小组兑现，王现明打算用套取的钱还各村民小组的修路欠款。至案发之日，该笔款项一直存放于王现明个人的银行账户中未使用。

虚报套取扶贫资金的行为严重违反党纪，王现明心中不可能不清楚，然面却一意孤行，将党规党纪视作儿戏。秦王楼村在国家扶贫工作中越轨出界，王现明负有不可推卸的责任。

巧立名目，违规收取保证金

根据村里的扶贫方案，该批 182 只小尾寒羊应无偿分配给村内贫困户，但到具体执行的时候却有了变化，村委会要求，贫困户领取扶贫羊每只需缴纳 200 元的保证金。由于贫困户报名的户数不够，还剩一部分羊没有分配下去，随后秦王楼村召开群众代表会，让非贫困户也参与扶贫羊的分配养殖。

经县纪委调查，分得扶贫羊的 52 户村民中，贫困户有 18 户，非贫困户有 34 户，违规收取保证金 3.68 万元，这笔钱存放于王现明个人账户，也没有及时入村账。

"为了防止贫困户领到羊后直接卖掉，我村召开村委会、群众代表会研究此事，最终决定由贫困户向村里缴纳保证金，待羊养殖一段时间生下小羊羔后，交给村里一只，村里退还群众保证金。村委会收到羊羔之后，再将羊羔继续分配给其他需要养殖羊的群众。"当问及为何收取保证金时，王现明这样辩解道。

王现明作为村党支部书记、村委会主任导演了收取保证金的丑剧，又擅自扩大扶贫羊发放范围，弄虚作假、欺上瞒下，严重违反党规党纪。然而纸终究包不住火，昧良心的账群众会给他一笔一笔记在心中，终将成为定性量纪的筹码。

独断专行，村级民主走了样

王现明在任村党支部书记、村委会主任的十几年间，前期老实本分务实肯干，工作业绩突出，为秦王楼村也做了不少好事。随着群众威望的不断升高，"王书记"的脾气越来越大，由于村级民主缺乏监督，更滋长了他用权任性，直至变得独断专行，无视党纪，屡次违反纪律，最终被查。在处分决定书前，曾经飞扬跋扈的王现明尝到了自种的苦果，再也没有了往日的风采。

细究王现明的违纪之路，党纪观念淡薄、民主监督缺位、决策独断专行是问题产生的根源，手中权力没有了约束，心中没有了戒惧，行为便像脱缰野马，冲破纪律红线将自己带入违纪之路。

"他一个人当家惯了，这些事情都是他自己做主。他拍了板，谁还敢提不同意见呢？"提起王现明，一位村干部如是说。

从擅自购买发放扶贫羊、虚开发票套取资金到违规收取保证金，整个过程中王现明民主观念淡薄，缺乏民主管村理事意识，重大问题不经村委会和村民大会讨论决策，搞"一言堂"，我行我素，致使村级民主形同虚设，村民监督流于形式。如果党支部会、村民大会、村民理财小组能够发挥应有作用，对少数决策者形成有效制约，违纪行为将难以滋长。"区纪委第三纪检监察室主任王振林分析说。

"我村套取国家扶贫资金的行为给国家造成了经济损失，在社会上造成不良影响。我对此负有直接责任，一定改正错误，积极配合组织调查，愿意接受组织处理。"在经过思想斗争和组织教育之后，王现明终于迷途知返，积极上缴套取的扶贫资金，最大限度地减少了国家损失。

案例三

北京延庆县旧县镇经济经营管理中心原主任
袁学勤挪用公款、贪污、受贿案

袁学勤，曾任北京市延庆县旧县镇农村财务服务中心负责人、农村经济经营管理中心主任，中共党员，大专文化，案发时44岁。

经查，袁学勤从2008年至2014年，在6年多的时间里，数十次挪用公款2 400多万元归个人使用或转借给他人，并从中收受好处费68万余元。在这期间，袁学勤还利用职务之便，贪污公款超过12万元。延庆县旧县镇农村经济经营管理中心原主任袁学勤因挪用公款、贪污、受贿等，一审被判处有期徒刑22年。

作为一名基层干部，袁学勤何以挪用如此巨额的公款，又是怎样露出"马脚"，最终自掘坟墓的呢？

"篱笆扎不紧，狐狸钻得进"

2008年之前，延庆县村级资金相对较少，账上没什么钱。但是作为乡镇农村财务服务中心的负责人，袁学勤就已经开始盯上公款，只不过那时是小打小闹、即挪即补，没有被发现。

2008年之后，随着国家支农、惠农政策的实施，村集体的资金量越来越大，村级账户上的钱也越来越多，习惯了把公款挪来挪去的袁学勤，胆子也越来越大，逐渐开始走向疯狂。

袁学勤案件中，董某是关键人物。董某与袁学勤是老乡，他多次找到袁学勤借钱做生意。袁学勤利用自己的职务便利，指使旧县农村财务服务中心出纳，于2009年分3次将290万元公款划入董某经营的饭馆账户，供其经商使用。

生意做完后，董某将袁学勤挪用的 290 万元公款全部归还，袁学勤看到他守信用，于是又在 2010 年 8 月和 2011 年 3 月分 2 次将 1 000 万元公款划到董某饭馆账户。董某得到上述款项后，借给他人用于营利活动，几年后，董某又将借款归还。

2010 年的时候，房价一路飙升，董袁二人从中看到了商机，两人密谋后，袁学勤安排将 200 万元公款划入董某饭馆账户。之后，两人在昌平区回龙观购买了 3 套房子，其中袁学勤得到 2 套。截至案发时，其挪用的公款 200 万元，还有 120 万元没有还上。

纵观袁学勤案，仅挪用到董某一人身上的公款就达 1 200 多万元，占到其挪用公款总数的一多半，并且还是连续 6 次，这个过程中，袁学勤还心安理得地收受了董某奉上的好处费。

数额如此之大、次数如此之多，表明袁学勤已将用于村级发展、农民致富的公款当成了自家私有财产，随意处置。其目无规矩，胆大妄为可见一斑。

人们常说："篱笆扎不紧，狐狸钻得进。"袁学勤案的发生，正是制度上的漏洞给了他可乘之机。

从该案看，延庆县村级会计委托代理服务工作存在一些问题。比如村级财务印鉴管理集中在少数人手中，未按规定分别由多人监管；对账户的网上银行转账业务，缺少必要的风险防控措施；聘用的村级会计与乡镇农村经管部门的财务权责分工不明晰；财务内控机制几近失效，会计与出纳之间未能发挥相互制衡、相互监督的作用。

编织扭曲梦想，催生错位人生

袁学勤一直想发大财，很羡慕有钱人的生活，也希望自己的家人能够过上更体面的生活。有这样的想法本无可厚非，但"致富"心切的袁学勤，没有在正道上想办法，却打起了公款的主意，走上了违纪违法的不归路。

袁学勤自命不凡，总以为凭自己的能力在镇里弄个副镇长干不成问题，不料事与愿违，2008年的竞选失利，彻底打碎了他的当官梦，这让他十分恼火，甚至扬言："别看今天镇里少了一个副镇长，不出多久，就要出一个千万富翁！"

仕途的受挫，让袁学勤的发财梦变得前所未有的迫切，在他看来实现梦想，公款是"捷径"。他多次挪用公款借与他人，在朋友圈内有了"袁百万"的称号。身边的朋友都把他当成"财神爷"，纷纷向他借钱，他的发小办了一个奶牛场，找他借钱；他的同学搞运输合作社，也找他借钱。他都很"义气"地挪用公款借给他们，结果借出去的钱有去无回，他的发财梦彻底破灭。

没有空子钻，"硕鼠"现原形

延庆县有60%的农业人口，加强农村党风廉政建设是重中之重。党的十八大以来，延庆县委、县纪委针对发现的问题，及时出台《关于违反农村集体"三资"管理相关规定责任追究办法》《延庆县村级干部廉洁履职"十严禁"》等制度。

特别是在农村财务管理制度方面，延庆县委不断完善相关配套制度，陆续出台《关于进一步规范农村集体资产与财务管理工作意见》等十多项制度，使得农村财务管理越来越严格、越来越规范，大大挤压了"硕鼠"们利用管理漏洞进行违规操作的空间。

正是随着相关制度的不断完善和监管力度的不断加大，袁学勤意识到账户亏空这个问题要暴露了。于是他四处托人跑贷，想要填上600万元的"大窟窿"。想想自己挪用的公款还没有补上，过去风光无限的袁学勤，此时心有余悸，惶惶不可终日，最终作茧自缚，后悔晚矣。

"手莫伸，伸手必被捉"。袁学勤的落马再次表明，天网恢恢疏而不漏，任何试图钻制度"空子"的行为，终将自食恶果，广大党员干部当警醒。

四、违法乱纪

 **案例一**

湖南江永县扶贫领域腐败窝案

2016 年，湖南省江永县纪委接到群众举报，2.6 万元危房改造资金不翼而飞。深查之后发现，这背后竟有一个由专门团伙造假行骗、村干部游说、县镇干部审批放行的造假骗取扶贫资金的"产业链"，涉案金额 200 余万元，涉及 7 名国家公职人员和 6 名村干部。

29 万元危房改造金只剩 3 000 元
牵出专业造假行骗团伙

"2.6 万元不翼而飞，钱都到哪儿去了？"2016 年大年三十，当人们沉浸在春节的喜庆气氛中，享受家人团聚的欢乐时刻时，湖南省江水县源口自然保护局（现为源口瑶族乡）大田村的村民唐某、周某却在不安中度过。

过年前，危房改造资金终于发下来了，存折上显示国家拨付的危改补助资金每户应该有 29 万元，而领到手的却只有 3 000 元，有 2.6 万元不见了。他们心急火燎地找到办理危房改造资金的源口自然保护局职工周雪霖和原妇女主任汪有玉，得到的回答却是上面只拨了这么多。

2016 年 2 月 14 日，春节后一上班，唐某、周某就来到县纪委反映意房改造资金问题。

"危改资金也敢动，一查到底！"江永县纪委相关负责人态度坚决。调查组深入调查发现，大田村共有11户村民的危改补助资金存折上显示拨入14万～29万元不等的金额，但11户村民反映实际到手中的资金只有3 000～5 000元不等，而且申请的危房改造补助条件明显与家庭实际情况不符。

"这11户都是由汪有玉和周雪霖经手办理的。"线索集中指向汪有玉和周雪霖。2015年，汪有玉、周雪霖到村民家中，说自己有关系、有门路可以申请到危房改造补助资金，村民们心想不要白不要，就按汪有玉、周雪霖的要求将手续和相关证件交给他们。

调查人员立即对周雪霖进行约谈，但周雪霖矢口否认。

这时，两名与周雪霖联系频繁的人员——潇浦镇四方井居民徐来春和粗石江镇矮寨村村民徐永富，进入了调查人员的视线。调查发现，徐来春多次到银行提取过大额危改补助资金。

在调查组的询问下，徐来春老实交代了他经手申报的农户名单，并交代了以蒲兆三为首的上线嫌疑人，徐来春和高泽进为下线，徐永富又是徐来春下线的造假骗取危房改造金的作案团伙。

他们又是怎么和汪有玉等干部牵扯到一起的？

贪欲作祟，监管缺位，镇村干部多人被收买

"贪，都是贪惹的祸。"江永县纪委办案人员说，2015年，蒲兆三伙同徐来春、高泽进、徐永富等人，打着"为老百姓做好事"的幌子，在源口自然保护局、粗石江镇、桃川镇等地，以"能帮助申请危房改造名额而不占用乡镇和村里指标"等为借口，给予村干部好处费，让他们配合。收了好处费的村干部找到符合办理农村危房改造补助资金的农户进行游说，承诺办

好后给每个农户 2 000 ~ 8 000 元不等的补贴，还掩盖实情，对违规申报的危房改造户并不公示，村级审核的第一道审核"防线"形同虚设。

通过经常请吃饭、送土特产等方法，拉拢了时任桃川镇常务副镇长的罗春生；又以请吃饭和给予好处费 2 万元的方法拉拢源口自然保护局副局长蔡健杰，以分好处费的方式拉拢了源口自然保护局的周雪霖。这些公职人员收了钱，又抱着"反正不占镇村的指标，又能帮群众争取到资金，最终审批还有县住建局把关"的侥幸心理，纷纷对违规上报的危房改造补助金审核予以通过。

何以如此猴？链条上的关键人物浮出水面

蒲兆三等 4 人中有 3 人是普通农民，1 人是企业下岗工人，且都没有在住建部门工作过，何以对危房改造金申报审批程序如此熟悉，以至于轻松打通各个环节，尤其是县一级的关口——住建局？

"这些做法都是义胜样告诉我的。"蒲兆三交代。他所说的义胜祥就是造假骗取危房改造金这条"产业链"上的关键人物——手握全县危房改造资金的指标分配、管理、审批、发放等大权的县危房改造办公室主任。

蒲兆三与义胜祥相识多年。2013 年，义胜祥担任县危改办主任以后，蒲兆三觉得他手握大权，对自己有用，便想办法拉拢义胜祥。

"他虽然性格孤僻，也不抽烟、不喝酒、不打牌，但是有致命弱点。"长期交往中，蒲兆三知道义胜祥喜好女色，为进一步突破义胜祥的防线，蒲兆三便投其所好，多次安排他嫖娼。

当 2015 年蒲兆三提出帮别人办理农村危房改造补助资金来赚钱时，被成功围猎的义胜祥二话没说就将办理农村危房改造补助资金的流程和造优待证明、提高补助标准的手段全盘告诉了蒲兆三。

不仅如此，义胜祥还利用职权为蒲兆三一伙大开"绿灯"，有一些乡镇严格把关，不配合蒲兆三等人，蒲兆三就直接将农户资料送给义胜祥，义胜祥将信息反馈给申报农户所在的乡镇，要求该乡镇的危改信息员录入系统，报到县住建局危改办备案审批。有了义胜祥的默许，县住建局的审核也是一路畅通。最终，蒲兆三一伙以 112 户危房改造户的名义申报农村危房改造补助资金 294.2 万元，其中发放给危房改造户 71.97 万元，骗取 222 万余元。

目前，蒲兆三、徐来春、高泽进、徐永富 4 人已被江永县公安局依法刑事拘留；义胜祥被县公安局依法刑事拘留；廖健杰被撤销职务，移送司法机关依法处理；时任粗石江镇党委副书记、镇长的郭为，受到党内警告处分；罗春生受到撤销党内职务处分。此外，源口自然保护局职工周雪霖等其他 9 名相关负责人，分别受到相应的党纪、政纪处分。时任县住建局的党组书记、分管领导、纪检组长 3 人"两个责任"落实不为，被立案审查。

 **案例二**

安徽砀山县违规享受低保腐败窝案

"……拿了我的给我送回来，吃了我的给我吐出来，偷了我的给我来……"对于把低保金当"唐僧肉"分食的党员干部，受到的处罚绝不止歌词中表达得那么简单。2017 年，安徽省砀山县对 63 名财政供养人员和一些村干部违规享受低保金问题进行严肃查处，涉案的 97 人受到党纪政纪处分，其中 1 人被移送司法机关，追缴被侵占的低保金 124.6 万元。

拉网过滤，筛出"潜伏人"

2016 年 9 月的一天，宿州市审计局工作人员李娟坐在电脑前，正在聚精会神地审计砀山县低保人员名单，突然一组身份证号码跳进她的视线，"34222119610101××××，咦，这个身份证号好像在哪里见过……对，刚才浏览该县财政供养人员名单时看到过。"李娟赶紧调出砀山县财政供养人员名单，仔细核对了两份名单上这个身份证号码所有者的身份工作单位等信息，确定应为该县赵屯卫生院职工汤静。李娟立即向审计局领导汇报了这一问题。

"会不会还有类似的人员存在？"经过慎重考虑，针对低保清理人员多、发现查证耗时长及精准度低的难题，审计局决定采取大数据比对法对砀山县低保领取情况进行重新审计。

他们首先建立了拥有全县财政供养人员名单、身份证号码等信息的数据库，又采集了全县 14 428 户，24 197 名低保对象的身份证号码等信息，然后利用电脑软件比对分析。通过一个星期的细致比对分析，排除一些特情况，违规办理低保的人员浮出水面：竟有 63 人之多。

这 63 人中有财政供养人员 51 名、村干部 12 名，违规领取低保金合计 153.76 万元，个别人员的月工资达四五千元，且在多次低保清理中均成功"潜伏"

顺藤摸瓜，揪出"造假人

收到市审计局转交的问题线索后，砀山县委、县政府高度重视，县委书记第一时间责成县纪委对问题进行彻底调查，并及时纠错整改。县纪委立即组成调查组，对问题线索展开排查。调查人员围绕低保办理过程中的个人申请、村（居）调查评议公示、乡镇审核分类、县民政部门审批等关键环节，顺藤摸瓜，查清了问题。

"自己每月有 3 000 元左右的工资。在申请低保时，担心如实填写有工作的话低保办不下来，所以就出具了假材料。每次遇到低保动态审核时，就向调查的低保员送送礼、请吃饭等，也就一直享受着低保金。"该县市场监督管理局工作人员全杭交代。据调查人员介绍，部分财政供养人员及村干部为了享受低保待遇，在申请低保时故意隐瞒自己的身份和家庭收入，利用低保工作中的动态审核、入户了解、跟踪调查不及时、不细致等漏洞，骗取低保待遇。

更有甚者，低保管理人员以权谋私，无所不用其极。如县民政局城市低保管理员范腾，自 2013 年以来，利用他人的名义申报低保，自己偷偷地领取，直至案发共领取他人低保金 3.47 万元。同时收受他人好处，12 户财政供养人员违规办理低保。"看到别人领取低保金那么容易，自己的心态有些失衡了，我想用他人的名义办理低保，其他人不知道，没有人会发现的。"范腾交代，"我熟悉低保办理的门道，自己是低保管理员，谁家不符合标准，自己说了算，没有人对我的行为进行监督约束。"怀着这样的心态，范腾一步步走向犯罪的道路。

"一岗双责"，找出"稻草人"

"63 名财政供养人员及部分村干部之所以能够违规享受低保待遇，与我们一些政府相关职能部门工作人员'稻草人'式的履职是分不开的，层层监管形同虚设。"该县县委常委、县纪委书记李虎一语中的。

责任不落实，"板子"就要打在身上。一些乡镇、村（社区）未能严格执行低保"三审三公示"程序，漠视低保政策，审核把关不严、公开公示不到位，以致出现一些"人情保""关系保""政策保"等现象。25 名村（居）干部因不担当、不履责被给予党纪、政纪处分，8名乡镇民政办负责人被严肃追责。

低保工作出现的问题，与县民政局党组履职不力，失之于宽、失之于软有密切关系。"一岗双责"就要"一案双查"。7名城市低保管理员被给予党纪政纪处分或辞退，2名县民政局低保办负责人被追责，县民政局分管低保工作的副局长被给予留党察看处分，民政局党组书记、局长因履行主体责任不力被给予党内警告处分，纪检组长因履行监督责任不力被给予党内警告处分。

五、小官巨腐

 案例一

云南弥渡县弥城镇红星村原党总支书记李宝文腐败案

"身为村干部不想着如何带村民致富奔小康，反而费尽心机捞好处，受到党纪国法严惩一点都不冤。"云南省弥渡县弥城镇红星村村民在谈及该村原党总支书记李宝文为他人谋利、收受他人钱款问题时气愤不已。

2016年6月，弥渡县纪委对李宝文立案调查。经查，其在担任弥城镇红星村党总支书记期间，利用职务之便，在红星村实施的农村危房改造及2016年度扶贫开发自然村整村推进项目建设中为他人谋利，收受钱款共计9.8万元。2016年7月，李宝文被开除党籍，违纪款被收缴，涉嫌违法问题移送司法机关处理。

"2016年6月15日，县纪委工作人员带我到谈话室时，我觉得五雷轰顶，心像碎了一样，好像党和人民在指责我，家人

对我说，我把祖宗三代羞完了，我对不起组织，对不起群众，真的很后悔。"李宝文在悔过书中写道。

为利触纪，以权谋私

2013 年 11 月 28 日，弥渡县发生 4.6 级地震，上级给弥城镇红星村下达了一批危房拆除重建指标。村上把指标分配到各自然村后，该村村民刘学武房屋受损却不在这批指标内。得知这一消息后，他向村委会主任周春文要了村党总支书记李宝文的电话，把自家情况同李宝文说了一下，李室文表示"过几天瞧瞧"。后来，因该村村民鲁红光未按要求拆除重建，李宝文就把指标协调给了刘学武，刘学武便得到上级补助资金 38 万元，李宝文打电话给刘学武告诉他这一情况，刘学武表示一定要感谢他，李宝文说："认得好歹就行了。"

2015 年 10 月的一天，刘学武打电话给李宝文，约他在弥城镇某超市南门口见面。二人见面后，刘学武在李宝文的车子副驾驶座位上将 800 元现金拿给了李宝文。

李宝文出生在农民家庭，1989 年 3 月在武警西双版纳支队服役，1991 年退伍后在家从事农业、个体运输、百货等经营活动，2011 年 1 月起任弥城镇红星村党总支书记。当选为村干部后的李宝文，与之交往的人渐渐增多，特别是得知 2016 年红星村要实施扶贫开发整村推进项目后，一些承包商为了争取更多的项目工程，经常邀请他吃吃喝喝，平日里也少不了走动，李宝文对这些人的企图心知肚明，却来者不拒，与其私交甚密。

心存侥幸，利欲熏心

尝到了甜头的李宝文，逐渐丧失了原则，开始利用职务之便违规插手扶贫项目建设，为承包商谋取利益，从中分得好处。承包商闻腥而至，把李宝文当人脉资源，把送钱当投资，进而通过扶贫项目"发点财"。

2014年，红星村村委会实施地震房屋加固工程，李向荣想承建此工程，找到李宝文请求关照，并许诺给予好处。李宝文便想办法让李向荣取得了项目第三承包权。

2015年11月的一天，李宝文来到李向荣家开的铺子。为了表示感谢，李向荣将2万万元现金放在李宝文的皮包内，李宝文坦然收下。此后，在2016年度扶贫开发自然村整村推进项目中，李向荣在李宝文的帮动下分别获得了玉和庄村和独房子村两个标段的承包权。

"我把指标分给你，你给我'意思一下'也是应该的，正是这种我给你协调指标，你给我好处的'互利互惠'心理，使我一步步滑向违纪违法深渊……"案发后，李宝文对自己的违纪行为进行了反思，他承认自己被权力冲了头脑，被金钱蒙蔽了双眼，因欲望迷失了自我，把扶贫项目当成了"生意"，丧失了原则。

贪婪成性，罪责难逃

苍蝇不叮无缝的蛋。"只要李宝文点头，没有干不了的活"，这已经成为承包商对李宝文的共识。他们看准李宝文贪婪成性的弱点，一次次主动找到他，进行权钱交易，李宝文在违纪违法的道路上越走越远。

得知红星村将实施2016年度扶贫开发自然村整村推进项目的信息后承包商彭德林和杨云万也主动出击，以取得项目承包权。

2016年2月的一天，彭德林与李宝文约在红星路与新庄路交叉口见面，到达约定地点后，彭德林从自己口袋里拿出3万元现金送给李宝文，李宝文假意推辞了一下，就收下了。2016年3月，彭德林在弥渡县市场监督管理局门口将2万元现金送给李宝文，其后在整村推进项目中，彭德林获得了三坵田村和梨园阱村两个标段的承包权。

2016年2月的一天，杨云万借搭乘李宝文的面包车从镇上回红星村之机，在途中行驶至山高村路段时，将准备好的2万元现金送了李宝文。在之后的整村推进项目中，杨云万获得了白土田村和小庙村两个标段的承包权。

多行不义必自毙，李宝文最终为自己的行为付出了代价。最终李宝文被开除党籍，违纪款被收缴，涉嫌违法问题移送司法机关处理。

 **案例二**

湖南柳州苏仙区栖风渡村腐败窝案

村干部官小权大，是"离群众最近的干部"，他们一旦违纪，影响恶劣。

2015年6月以来，湖南省郴州市苏仙区纪委严肃查处了一起发生在群众身边、群众反映强烈的基层农村党员干部违纪案件，这是一起离群众最近，直接损害群众利益，严重影响党和政府形象的典型案件。窥一斑，见全豹，群众身边的腐败问题还需加大力度惩治。

主　要　案　情

2015年6月，苏仙区纪委收到群众实名来信举报，迅速组织力量查处。经查，栖风渡村党支部书记雷云平，村委会主任邓茶贵，村出纳邓代连等人在任职期间，存在严重违纪问题：一是利用职务之便，在协助管理农村改厕项目补助资金的过程中，将国家下拨的补助资金6.08万元占为已有；二是通过虚签合同、虚开票据套取村集体资金81.334 8万元；三是以办理村

务为名，请客送礼、大吃大喝，挥霍浪费集体资金。2015 年
11 月，雷云平、邓茶贵、邓代连分别受到开除党籍处分，并移
送司法机关处理。

问 题 特 点

一是雁过拔毛，截留贪占以权谋私。本案中，栖风渡村
2013 年 1 月至 2015 年 6 月，共向上级部门争取新农村建设资
金、改厕资金、水利建设资金、居家养老资金等各项补助资金
224.17 万元。而这些向上级争取来的资金，大部分并没有真正
落实到所申报的项目和群众身上，有的甚至全部被村干部蚕食
瓜分。如 2012 年初，该村以村民鱼塘整治维修的名义向上级争
取到财政奖补资金 7 万元，但其中支付给村民的只有 7 000 元。

二是账外设账，集体资产任意挥霍。由于缺乏有效的制约
和监督，财务管理混乱，村干部经常以办理村务为名，请客送
礼、大吃大喝，浪费集体资金。2013 年 1 月至 2015 年 6 月，2
年多的时间内招待费支出高达 652 296 万元。

三是沆瀣一气，村组干部抱团腐败。该案中，腐败主体既
有村支书、村主任，也有村出纳，甚至不是"村官"的村民小
组长也参与进来，呈现集体腐败之态。2013 年 12 月至 2015 年
2 月，该村以下拨村民小组的农村基础设施建设款、环境整治
款、水利建设款、维修水渠款及健身器材地建设款等名义，先
后串通多名村民小组长，套取村集体资金 39.675 万元。

原 因 分 析

干部素质不高。有的村干部缺乏干部必备的基本素质，对
村官的职责认识不清，纪律观念淡薄，对自己行为的后果判断
不明，往往为利所动，随心所欲，想花就花，想拿就拿，肆无
忌惮。加上村干部工资普遍不高，每月约 800 元到 900 元，有

些村干部认为自己为村集体付出了很多，吃点拿点理所当然。

财务管理混乱。财务管理缺乏明确的分工，谁当干部谁管钱，谁收钱谁保管，形成村干部人人管钱管物的局面；从事财务的人员不懂会计业务，账目设置不规范，财务审批不严格，在使用资金时先从行政账上预支行政开支费用，再用票据来冲账，招待费用票据多且基本都没有明细。

监督缺位。村务监督委员会形同虚设，乡镇财政部门和经管部门也没能履行审核票据的真实性和合理性的职责，直接将村集体上缴的票据装订成册，完成报账程序，给"村官"违纪提供了可乘之机。加之村"两委"办事透明度不高，村务公开力度不够，群众看不到每笔开支的具体走向，很难发现漏洞，村民民主监督无从谈起。

惩戒乏力。村干部一旦出现经济问题，除了追究其本人的责任之外，鲜有追究有关部门的监督责任，这在很大程度上致使监管责任难以落实到位。而且有的村组干部既非党员，也非监察对象，纪检机关无法对其实施有效监管。同时，"村官"腐败普遍数额较小，有些地方检察机关往往不愿介入，最后容易导致"村官"腐败的监管"有法无天"。

 案例三

云南蒙自市新安所镇 5 名镇村干部
瓜分征地补偿款案

"蚁穴能毁堤，群蝗能毁田。基层'微腐败'虽看似事小，但关系人心向背；基层权力虽低，事关执政之基。"谈到云南省蒙自市新安所镇 5 名镇村干部违纪被查处，镇纪委书记刘乙佑感慨地说。

2016 年 11 月，新安所镇原副镇长何军因骗取征地补偿款、受贿问题，被开除党籍；2016 年 12 月，其因犯贪污罪、受贿罪，被判处有期徒刑 1 年 6 个月，缓刑 2 年，并处罚金人民币 20 万元，依法实行社区矫正，没收违法所得人民币 23.69 万元，上缴国库。其余 4 名违纪的镇村干部也分别受到处理。

将错就错，打开贪婪的口子

新安所镇因集镇建设被国家住建部列为全国五百家小城镇试点，首批 153 家示范镇之一。集镇建设的蓬勃发展，极大地改善了人民群众的生产生活环境，推动了地方经济发展。然而，建设过程中涉及的征地补偿款却变成了何军等人眼中的"唐僧肉"，而其贪婪的口子，竟是从一次错误的征地面积计算打开。

2011 年，在征地过程中，该镇国土分局工作人员工作失误，将庄区寨某村民 0.04 亩的征地面积错算为 0.4 亩，发现这个错误后，时任庄区寨村小组组长邓家应，村党支部书记罗维昌向时任镇国土分局局长何军报告此事。

三人共谋后，将多计算面积中的 0.26 亩土地征地补偿款 3 万余元发放至邓家应名下。随后，邓家应从此笔款中分给何军 1 万元。

东窗事发后，邓家应、罗维昌受到开除党籍处分。执纪人员坦言，镇干部经常与村干部工作、生活在一起，如果他们相互串通，抱成一团，形成利益共同体，就会筑成"保护圈"，造成窝案、串案。"只要分赃保持相对平衡，就可能存在内部人不点破、外部人看不透、上级管不着的情况"。

一错再错，欲望成为脱缰的野马

将错就错尝到甜头之后，贪腐的闸门打开了，有了第一次就有第二次、第三次……何军内心的欲望成为了一匹脱缰的野马。

2012 年，何军任镇国土所所长期间，在某工程征地量地过程中南屯一组小组长陈龙找到何军，提出"争取多量一点地"给他。二人商量后，由陈龙在该工程征地面积明细表中，虚构了没有被征的村民肖某某、杨某某，陈某某等的土地并上报，总面积为 0.691 亩，补偿金为人民币 5.3 万余元。

陈龙领到征地补偿款后，拿出 2.6 万元给镇国土所协管员史耀江，让其转交给何军，何军将其中 6 000 元拿给史耀江，剩余 2 万元占为已有。

贪腐"二人转"给何军、史耀江带来了"甜头"。二人一唱一和，盯上了在宅基地安置过程中的"好处"：通过中间人"笑纳"感谢费。

2012 年，由于公路建设需要征地，涉及的一户拆迁户有两块宅基地，但是只使用了一块。了解到这一情况的史耀江萌生了一个念头："以拆迁户的名义按照正常的手续将两块都报批，之后倒卖给他人，得到的好处大家同享"。

面对金钱的诱惑，何军睁一只眼闭一只眼，没有制止史耀江的想法和行为，事后，史耀江用纸袋子装了 5 万元现金送给了何军，心照不宣地说："这是宅基地的那事儿……"

2012 年，某村民因宅基地上面有高压线不能盖房子，请何军帮忙安排一块好的宅基地，并示意"到时候会好好感谢的"。

何军积极"汇报解决"，最终协调到了一块满意的宅基地，宅基地的主人约出史耀江，让其把钱送给何军表示感谢，"这样不好吧？""这是人家的一点心意。客套之后，何军心安理得地收下了 3 万元感谢费。

执纪人员介绍，当听到周围有人因违纪违法受到查处，何军也担心过，还曾把收受的部分感谢费退还了当事人，可是，在"轻松赚钱"的利益驱使下，他抱着"自己被查到，就像中彩票头奖那样，概率几乎为零"的侥幸心理，一步一步走向贪腐的深渊。目前，陈龙和史耀江先后被开除党籍，涉嫌犯罪线索已移送司法机关依法处理。

铸成大错，悔之晚矣

何军于 1994 年退伍后，在蒙自市多个乡镇国土所工作过，到新安所镇工作后，先后任国土分局局长、国土所所长，副镇长等职，曾经何军也是一名严守纪律规矩的党员干部，工作兢兢业业，但是随着年龄的增长和职务的升迁，他逐渐放弃了学习，放松了对自己的要求。

"总认为遵规守纪是职工的事，自己是领导干部，适当放松一下要求，适当自由一点也算不了什么大事，自己能把握住……"就这样，何军只知有权不知有责，忘记了自己身上的职责，潜移默化中对组织、对权力、对法纪、对人民的敬畏之心慢慢淡化，对上级指示精神视而不见，对领导讲话充耳不闻，总觉得违规违纪的事与自己无关、跟自己无缘，从而放松对自己的要求。事实证明，放松必然导致放纵，放纵也必然会与纪律格格不入，与纪律格格不入也必然受到纪律的惩罚。

"这几个月来辗转反侧，夜不能寐，愧疚吞噬了我。作为一名领导干部，我忽视政治学习，放松要求，渐渐偏离正确的世界观……"何军在忏悔录中写道。然而，悔之晚矣。

图书在版编目（CIP）数据

精准扶贫案例解析/高健龙，高建伟编著.—北京：
中国农业出版社，2019.6
ISBN 978-7-109-25433-6

Ⅰ.①精…　Ⅱ.①高…②高…　Ⅲ.①扶贫—案例—
中国　Ⅳ.①F126

中国版本图书馆CIP数据核字（2019）第073754号

中国农业出版社出版
（北京市朝阳区麦子店街18号楼）
（邮政编码　100125）
责任编辑　边　疆　赵　刚
———————————————
中农印务有限公司印刷　　新华书店北京发行所发行
2019年6月第1版　　2019年6月北京第1次印刷
———————————————
开本：880mm×1230mm　1/32　印张：6.75
字数：180千字
定价：28.00元
（凡本版图书出现印刷、装订错误，请向出版社发行部调换）